徐潜╲主编

中国古都

吉林文史出版社

图书在版编目（CIP）数据

中国古都／徐潜主编．—长春：吉林文史出版社，
2013.4（2023.7 重印）

ISBN 978-7-5472-1536-4

Ⅰ.①中… Ⅱ.①徐… Ⅲ.①都城（遗址）-介绍
-中国-古代 Ⅳ.①K928.5

中国版本图书馆 CIP 数据核字（2013）第 063850 号

中国古都
ZHONGGUO GUDU

主　　编	徐　潜
副主编	张　克　崔博华
责任编辑	张雅婷
装帧设计	映象视觉
出版发行	吉林文史出版社有限责任公司
地　　址	长春市福祉大路 5788 号
印　　刷	三河市燕春印务有限公司
版　　次	2013 年 4 月第 1 版
印　　次	2023 年 7 月第 4 次印刷
开　　本	720mm×1000mm　1/16
印　　张	13
字　　数	250 千
书　　号	ISBN 978-7-5472-1536-4
定　　价	45.00 元

序　言

　　民族的复兴离不开文化的繁荣，文化的繁荣离不开对既有文化传统的继承和普及。该书就是基于对中国文化传统的继承和普及而策划的。我们想通过这套图书把具有悠久历史和灿烂辉煌的中国文化展示出来，让具有初中以上文化水平的读者能够全面深入地了解中国的历史和文化，为我们今天振兴民族文化，创新当代文明树立自信心和责任感。

　　其实，中国文化与世界其他各民族的文化一样，都是一个庞大而复杂的"综合体"，是一种长期积淀的文明结晶。就像手心和手背一样，我们今天想要的和不想要的都交融在一起。我们想通过这套书，把那些文化中的闪光点凸现出来，为今天的社会主义精神文明建设提供有价值的营养。做好对传统文化的扬弃是每一个发展中的民族首先要正视的一个课题，我们希望这套文库能在这方面有所作为。

　　在这套以知识点为话题的图书中，我们力争做到图文并茂，介绍全面，语言通俗，雅俗共赏。让它可读、可赏、可藏、可赠。吉林文史出版社做书的准则是"使人崇高，使人聪明"，这也是我们做这套书所遵循的。做得不足之处，也请读者批评指正。

编　者

2014 年 2 月

目 录

七朝古都北京

　　我们的祖国土地辽阔、物产丰饶，而作为我国的首都，北京是众多美景中不可错过的一个亮点，她以其丰富的历史文化内涵、重要的交通枢纽位置、独具特色的城市魅力成为我国政治、经济、文化交流的中心。七朝古都的历史使其独具时间的厚重与文化的凝重，而在迈向新的历史时期的今天，北京正在逐步地融入世界的大舞台。这个城市，古老与现代交织，文明与进步同在。

一、历史长河中的北京

北京是人类较早的发祥地之一，"北京人""新洞人""山顶洞人"等的相继出现，昭示着古老的文明开始孕育。四五千年以前，北京地区进入了新石器时代，那时的先民已经迈入了文明的门槛。从原始聚落逐步发展成为北方重镇，北京在历史对它的选择中丰富并积淀着自己。

七朝古都的盛名丰富了北京的历史文化内涵，使它永载史册的同时更加的灿烂辉煌。

（一） 燕都城蓟城

关于北京的建城，我们可以追溯到燕蓟时代。公元前 11 世纪的商朝末年，存在着燕和蓟两国。阎崇年在《中国古都北京》一书中提到蓟国名称来源于一种叫做蓟的草本植物，而燕国名称来源于它在氏族部落时期的图腾燕。由此我们可以看出，燕、蓟两国的形成和发展具有自然性。

周武王伐纣胜利后，建立了西周王朝，并册封尧帝的后代于蓟，封召公奭于燕。后来燕国逐渐强大，疆域向东北方向扩展，并最终吞并了蓟。而由于蓟的重要地理位置，春秋中期以后它成为了燕国的都城。蓟城大致位于今北京城的西南部，我们可以将它看做是今日北京城的最早雏形。

战国时期，燕成为战国七雄之一。然而开始的时候它还比较弱小，及至燕昭王时开始发愤图强，燕国才变得强大起来。在同其他诸侯国的交往中，燕更是使自己的经济和文化得到了很好的发展。可是，几年后燕昭王的去世又逆转了燕国的大好形势，子惠王的不利统治使燕国逐渐衰落。战国末年，燕国受到强国秦的侵袭，著名的"荆轲刺秦王"的故事就发生在这一历史时期。燕赵的慷慨之士不甘自己的国家被强国吞并而与之抗争，虽然结果失败了，

中国古都

但是我们仍可从中看出他们英勇无畏的精神气概。公元前222年，秦将王翦率兵攻燕，占领蓟城，燕国灭亡。

(二) 前燕都城蓟城

前燕是由鲜卑族慕容氏建立的国家，处于五胡十六国时期。五胡十六国指的是从西晋末年开始到北魏统一北方期间，北方的五个少数民族和他们所建立的政权。其中"五胡"指的是匈奴、鲜卑、羯、氐、羌，"十六国"指的是前凉、后凉、西凉、南凉、北凉、前赵、后赵、前秦、后秦、西秦、前燕、后燕、南燕、北燕、夏、成汉。

鲜卑族兴起于大兴安岭，是活跃于辽河流域的少数民族。鲜卑慕容部曾在西晋做官，并于西晋末年崛起。350年，前燕主慕容氏以其强大的势力夺得幽州，攻入蓟城，并从龙城（今辽宁省朝阳市）迁都蓟城。352年，正式定蓟城为国都，以龙城为留都。前燕是第一个在今北京地区建都的少数民族政权，但可惜的是，蓟城作为前燕的国都只维持了六年。可以说，五胡十六国时期蓟城的城主不断地发生着更改。

北魏、隋、唐先后在蓟地设有燕郡、涿郡、幽州，这些位置并非完全重合，但是大致上都位于北京地区的范畴。

(三) 辽陪都南京

辽是由我国北方的少数民族契丹族建立的国家。契丹族崛起于蒙古高原的东部，在唐代末期和五代初期发展起来。907年，契丹建立辽朝，势力范围延伸到华北地区。936年，后唐河东节度使石敬瑭叛唐，当朝统治者为了寻求契丹的帮助，以幽、云等十六州之地许之。于是他们趁乱从石敬瑭手中窃夺了幽云十六州。幽云十六州具有重要的地理位置和军事地位，地势险要，易守难攻。得到十六州后，辽的势力大为加强，甚至可以同中原地区的政权相抗衡。

938年，辽太宗耶律德光设幽州为陪都，并称其为南京（又称燕京）。辽朝共设立五个京城，它们分别是首都上京（今内蒙古赤峰巴林左旗林东镇）、陪都中京（今内蒙古宁城大名乡）、东京（今辽宁辽阳）、西京（今山西大同）和南京（今北京）。而其中又以南京城市规模最大，人口最多。

辽陪都南京对整个辽国的发展具有重要的作用，无论是在政治、经济还是军事方面都为辽提供了一个很好的依托。它基本上沿用了唐代幽州治所的旧址，并在城中修筑了皇城。根据《辽史·地理志》记载，南京城周围 36 里，城墙高 3 丈、宽 1.5 丈。城墙上设有敌楼，共有城门 8 个，城内划分为 26 坊。南京作为辽的陪都长达 82 年，在这期间城市发展迅速，与同类城市相比它的地位也更加重要。

（四）金都城中都

金是由我国北方的少数民族女真族建立的国家，女真族生活在黑龙江和松花江流域的广大地区。1115 年，女真族领袖完颜阿骨打建立金朝，定都上京（今哈尔滨市阿城区），国号大金。宋徽宗宣和二年（1120 年），金朝和宋朝结成同盟攻打辽。1123 年，金兵夺取了燕京。金在经过与宋协商并获取了大量的钱粮后，将燕京移交给宋，宋改燕京为燕山府。1125 年，金灭辽并随即攻宋，获取了对燕山府的统治。1127 年，北宋王朝覆灭，南宋与金这两个政权并存，淮水以北的广大地区由金统治。

1151 年，金帝完颜亮（完颜阿骨打之孙）为了以后便于南下扩张势力而决定迁都燕京，并扩建燕京城，修建皇城、宫城。1153 年，完颜亮从上京迁都到燕京。他将燕京改称为圣都，后又改为中都，中都成为了真正的王都。这次迁都推进了金朝的发展，也开启了北京历史的新纪元，北京成为我国北方的政治中心并一直延续至今。

中国古都

金中都仿照的是北宋汴京的规制，在辽南京城的基础上进行了扩建。中都城可分成大城、皇城和宫城，其中大城经过扩建，城郭从长方形趋于正方形，这也是蓟城旧址上的最后一座大城。中都的大城、皇城、宫城规划和布局都很合理，开创了北京都城建筑布局的先河。

（五）元都城大都

1206 年，蒙古族的首领铁木真即汗位，创建了蒙古帝国。铁木真就是著名的成吉思汗。毛泽东曾在《沁园春·雪》中提到"一代天骄，成吉思汗，只识弯弓射大雕"，然而，历史上的成吉思汗的功绩远不止于"弯弓射雕"。他创建蒙古帝国后，不甘于臣服金朝，于是带领部下奋起抗金。1214 年，蒙古军曾围困金中都，后在金朝贡求和后撤退。1215 年，蒙古军夺取了中都。1227 年，66 岁的成吉思汗病死军营。

1260 年，成吉思汗之孙忽必烈即汗位于开平。1264 年 8 月，忽必烈下诏以燕京为中都，作为陪都。1271 年，忽必烈定国号为"大元"。1274 年，忽必烈采纳了霸突鲁和刘秉忠建议，将中都作为首都，并将其名字改为大都。至此，北京的发展又进入了一个新的时期，它取代了长安、洛阳、开封等古都的地位，成为了统一的多民族国家的政治中心。

元朝是当时世界上最强盛、最辽阔的封建帝国，而大都可以说是当时世界上最大的都城。大都在蒙语中叫做"汗巴里"，意思是"汗的城"。元大都是在原燕京城东北郊兴建的，它的设计完全符合《周礼》的规定。"匠人营国，方九里，旁三门。国中九经九纬，经涂九轨。左祖右社，面朝后市。市朝一夫"。（《周礼·考工记》）这段话的意思是说：建筑师在营建都城时，整个城市应设计为方形，每边长九里，每边各有三个门；城中纵横交错有十八条街道，九横九纵，每条街道都可以同时行驶九辆马车；王宫左边（东侧）的位置为太庙，右边（西侧）的位置为祭祀土地神的地方；前方为群臣朝拜之地，后方为百姓往来的市场，市场和朝拜之地各为边长一百步的正方形。这种布局和设计集中体现了皇权的中心地位和至高无上的威严。

（六）明都城北京

明太祖朱元璋于 1368 年在应天（今江苏南京）称帝，建立明朝。同年明军攻入元大都，将其改名为北平。朱元璋死后，他的孙子朱允炆即帝位，朱允炆就是建文帝。朱棣于 1399 年在北平起兵，并最后攻取了南京，夺取了帝位。1403 年，明成祖朱棣改北平为北京，改北平府为顺天府，并下诏营建北京。1421 年，朱棣正式迁都北京，以南京为陪都。北京又一次成为统一政权的政治中心，朱棣也成了中国历史上第一个把北京作为政治中心的汉族皇帝。

明代的北京城建于元大都的旧址上，按照由内到外的顺序分为宫城、皇城、内城和外城。其中宫城是北京城的核心，又称为紫禁城。它处于层层护卫的中心地带，体现了皇权的权威性。皇城在宫城之外，周长约十八里，有六个门。皇城以外和宫城以内都被列为禁地，普通的百姓不能够随意进入。内城在皇城之外，本称京城，又被称作大城。由于后来有了外城，才称其为内城。内城呈方形，周长约四十五里，共有九座城门。外城在内城的南面，是后补筑而成的。原计划是要将内城整个围住，由于财力不足只修筑了环抱南郊的外城。这也是北京城平面呈"凸"字图形的缘故。

（七）清都城京师

清朝可以说是我们最为熟悉的一个朝代，它是我国历史上最后一个封建王朝。自顺治元年（1644 年）定鼎燕京，到宣统三年（1911 年）溥仪退位，清朝经历了二百六十八年，这期间有过十个皇帝。这也是北京作为都城时间最久的一段历史时期。

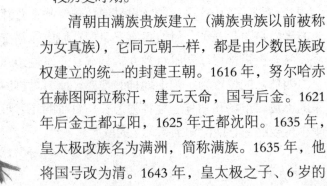

清朝由满族贵族建立（满族贵族以前被称为女真族），它同元朝一样，都是由少数民族政权建立的统一的封建王朝。1616 年，努尔哈赤在赫图阿拉称汗，建元天命，国号后金。1621 年后金迁都辽阳，1625 年迁都沈阳。1635 年，皇太极改族名为满洲，简称满族。1635 年，他将国号改为清。1643 年，皇太极之子、6 岁的

中国古都

福临（顺治帝）即位，清朝于 1644 年定鼎燕京。

随着清军入关，满族的文化和传统对北京产生了很大的影响。在满族人和汉族人共同居住的京城里，各种习俗与文化得到碰撞与交流，互相渗透和影响，促进了北京具有包容性的文化特点的形成。而曾经繁盛的清廷最终由于闭关锁国而走向了衰落，北京也于 1860 年（英法联军进犯北京）、1900 年（八国联军侵占北京）两次遭受了丧城之痛。

北京作为不同历史时期、不同朝代的都城，始终在发展变化着。无论是外在的城市规模还是内在的城市文化和思想内涵，都在不停地扩充和逐渐完善着。而从北京城的发展演进中，我们也可以看到中华文明的进步历程。

二、完美切割北京城的中轴线

北京城是对称的，这是它的一大特点，而对称轴就是著名的中轴线。中轴线又被称为北京的生命线，贯穿着北京城的南北。它南起永定门，北到钟鼓楼，全长 7.8 公里。它不仅是北京的中心标志，也是现存最长的城市中轴线。

由于中轴线的存在，北京城被完美地切割成了相互对称的东西两个部分。著名的建筑大师梁思成在《北京——都市计划的无比杰作》中这样形容中轴线："一根长达八公里，全世界最长，也最伟大的南北中轴线穿过全城。北京独有的壮美秩序就由这条中轴的建立而产生；前后起伏，左右对称的体形或空间的分配都是以这中轴为依据的；气魄之雄伟就在这个南北引伸、一贯到底的规模。"这里我们可以从专业人士的角度看出中轴线对北京城的重要性，中轴线是北京的一道亮丽的风景线。

（一）元明清三朝北京城的中轴线

北京旧城的中轴线是在元朝大都城规划时奠基的。前面提到过元大都的建城以《周礼·考工记》为依据，要建成的是理想的以帝王为中心的都城。元大都的设计和布局讲究整齐和对称，城市布局规矩合理，"左祖右社，面朝后市"。而且，值得注意的是，元大都城已经有中轴线了。元代宫城的主体都建在这条贯穿南北的直线上，中轴线南起丽正门，北至中心阁。在这条直线上形成了一系列轻重有序的建筑的排列，其中最重要的当然是皇宫，这种设计很好地突出了皇权的至高无上。

明代的北京城中，中轴线是一个亮点。有一种说法认为明代北京城的中轴线由子午线确定，子午线是为了测量地球而假设的贯穿南（午）北（子）两端的线，也就是我们所熟悉的经线。明代北京城的中轴线在建设和布局上共有五个方面的创新。一是继续强化城市坐北朝南格局，城市以大都城皇城为基点向南扩展，突出皇帝面南而王的帝王都市特点。二是将左祖（太庙）右社（社稷坛）对称安排在皇城内、紫禁城前面，再次昭示"左右对称、中轴明显"的皇城格局。三是将皇城、紫禁城位置准确地布局在中轴线正中间，使皇帝"唯我独尊""皇权至上"的思想得以最充分地体现。四是巧妙地安排了"镇山"，利用修筑紫禁城挖护城河的泥土和拆除元大内宫殿的渣土，在紫禁城后面堆积成万岁山（今景山），不仅使新建的宫殿群有了倚山，又增加了中轴线上的制高点。五是将中轴线的末端结束在钟鼓楼，使中轴线恰到好处地结束。可见，明朝在对北京城的规划和布局过程中，对中轴线是十分重视的。这也体现了中轴线在北京城的发展中地位的一次很大的提升。

清代的北京城基本上沿用了明代的城市布局，并赋予了中轴线以更多的文化内涵。清代对中轴线上的景山（1655 年，"万岁山"更名为"景山"）进行了三处修建，分别是山前的绮望楼、山后的寿皇殿和在五座山峰上修建的五座山亭。五座山亭整齐对称，中间高、两边低，完美地体现了中轴线的对称作用。在增加中轴线上的宗教景观的同时，更注重它的文化内涵的体现。

（二）中轴线上的建筑

北京城的中轴线上有很多著名的建筑，按照由南到北的方向，可以将这些建筑分为前段、中段和后段三个部分。前段指从永定门到正阳门，是从外城到内城的建筑。中段指从中华门到地安门，是中轴线经过皇城、紫禁城的建筑。后段指从地安门到钟楼，是北京内城中心区域的建筑。中轴线上的建筑多以红、黄两种色系为主，黄色是皇权的体现，而红色则体现了喜庆与祥和。

1. 中轴线前段的建筑

（1）永定门

永定门是中轴线的南大门，由城楼、瓮城、箭楼三部分构成。城楼建于明朝嘉靖年间，后来为了增加外城的防范功能，于嘉靖四十三年（1564 年）在城楼外增建瓮城。清代乾隆年间重修永定门时增建了箭楼，同

时将城楼的规制进行了提高。

（2）天桥

天桥，即天子经过的桥。它是一座单孔汉白玉石拱桥，三梁四栏，桥身很高，由桥南向北看，看不见正阳门；由桥北向南看，看不见永定门。但是现在，真正的天桥已经不存在了，1934年，天桥被彻底拆除，现在的天桥只剩下个桥名了。可以说，现在的天桥只是人们记忆中的天桥，它只是一种文化现象。

（3）正阳桥牌楼

正阳桥牌楼俗称"五牌楼"。五牌楼是正阳门外正阳桥的牌楼，也是内城九门外的最大的牌楼。正阳门是内城的正门，位置重要，有"国门"之称。正阳桥牌楼的结构为木制，牌楼正中间正好压在中轴线之上。

（4）正阳门

正阳门俗称前门、大前门，位于北京城内城南面的正中处，由城楼、瓮城、箭楼三部分构成。正阳门曾经四次被大火焚毁，并于1903年—1906年重建城楼与箭楼。瓮城在1914年拓建道路时被拆除。

2.中轴线中段的建筑

（1）中华门

中华门始建于明代，当时被称为"大明门"。1644年，清政府将"大明门"改称为"大清门"，民国后又改称"中华门"。1957年，由于扩建天安门广场，中华门被拆除，所以我们今天已经看不到中华门的身影了。

（2）外金水河

外金水河流经社稷坛南门、天安门前、太庙南门，全长约500米，河道宽18米。外金水河之上有七座汉白玉石拱桥，其中有五座与天安门城台中的五个门洞相对应。"御路桥"是专供皇帝行走的，它刚好坐落在中轴线上，并与天安门正中的大门洞相对应。两侧的桥以其为轴，美观对称。

（3）天安门

天安门是皇城的正门，又被称为"国门"。始建于明朝，被称为"承天之门"。明末毁于战火，清朝重建，并将名称改为"天安之门"。今天的天安门基本保持了清代初年的建筑形制。天安门的城台有五个门洞，正中间的最大，高8.82米、宽5.25米。其余四个在其两侧对称分布，门洞的高度和宽度都依次递减。中间的门洞专供皇帝行走，是御路，正好在中轴线上。两侧的门洞以官员等级为限进行使用，靠近中间的两个门洞供王公贵族和三品以上官员行走。而最外边的两个门洞是四品以下官员行走的。这体现了权力的集中和等级的分明。

（4）端门

端门位于天安门与午门之间，始建于明朝。它与天安门的结构和造型一致，分为台基、城台和大殿三部分。端门是等级和礼仪的象征，它的五个门洞的使用原则同天安门一致，都以等级和王权为限。

（5）午门

午门是紫禁城的正门，午门俗称"五凤门"。始建于明朝，由古代阙门演化而来。午门是举行盛大庆典活动的场地，又是宣旨之门，还具有防守功能。

（6）内金水河

内金水河的水由西苑（今北海）引入，从西华门流入宫内，在太和门广场内全长大约2000米。河流正中间有五座桥，中间的为"主桥"，专供皇帝行走，位于中轴线上。两边的被称为"宾桥"，供王公贵族和文武百官行走。

（7）太和门

太和门始建于明朝永乐年间，是紫禁城中最大的一座门。它的命名与紫禁城大殿的命名密切相连。永乐年间大殿称作"太和殿"，大门称作"奉天门"，又称"大朝门"。明嘉靖年间大殿改称"黄极殿"，大门改称"黄极门"。清顺治年间大殿改称"太和殿"，大门改称"太和门"，并一直沿用至今。

（8）太和殿

太和殿是紫禁城内的正殿，它就是人们俗称的"金銮殿"。明代太和殿又被称为"奉天

殿"和"皇极殿",清代改称"太和殿"。太和殿的间数是横九纵五,暗合了"九五为尊"的说法。皇帝在太和殿"上朝"听取朝政,他的宝座就安放在中轴线上。

(9) 中和殿

中和殿始建于明朝永乐年间,初称华盖殿,明嘉靖年间改称中极殿,清顺治年间又被改为中和殿。中和殿是皇帝出席大典之前休息和做准备的地方。中和殿呈正方形,上面是四角攒尖顶。

(10) 保和殿

保和殿始建于明朝永乐年间,当时被称为"谨身殿",嘉靖年间改称"建极殿",清朝顺治年间改称"保和殿"。保和殿最主要的功用是皇帝在此举行殿试。所谓殿试,是读书人在经过童试、乡试、会试后,得秀才、举人、贡士后才有资格推荐参加由皇帝亲自出题、考生当面回答的考试。通过殿试的考生可分为三个等级,第一等级可获进士及第,第一等级只有三名,分别是状元、榜眼、探花,可见在当时高中状元是十分不易的。

(11) 大石雕

大石雕位于保和殿后面中间的御路上,因此也被称为"保和殿大石雕"。大石雕的石料来自北京西南的房山大石窝,专家推算雕琢前它的石材至少重300吨,它的搬运和雕刻都堪称是一个奇迹。有关专家把它看做是中国最大、最精美的石雕。

(12) 乾清门

乾清门是紫禁城南北的界限,它南面是前朝,北面是后宫。由于从清朝开始"御门听政"的地点由太和门转移到乾清门,所以乾清门也被称为"御门"。到清朝后期,"御门听政"被废除。

(13) 乾清宫

乾清宫是后宫中最重要的建筑,与交泰殿、坤宁宫并称后三宫。乾清宫内有著名的写有"正大光明"的牌匾,它由顺治皇帝亲笔题写,在这块匾的背后藏有决定皇子命运的"建储匣"。乾清宫是皇帝的正寝,据史料记载,其宫内共设有龙床 27 张,皇帝就寝时随意挑选。

（14）交泰殿

交泰殿修建于明朝嘉靖年间，位于乾清宫和坤宁宫的中间。根据《易经》中"天地交泰"一说建成，主要是体现后宫中皇帝和皇后的和谐美满。在北京城市建筑风水学上，交泰殿是阴阳交合的穴脉，具有十分重要的位置。

（15）坤宁宫

坤宁宫始建于明朝永乐年间，分为东西暖阁，这里是皇后的寝宫。清代按满人习俗对房屋布局做出了调整，将西面的房间改造为祭祀场所，东侧的房间改为暖阁，作为皇帝成婚的洞房。顺治、康熙、同治、光绪四个皇帝均在此举行过婚礼。

（16）坤宁门

坤宁门是进入御花园的大门，位于坤宁宫的后方。出坤宁门，最重要的景致是位于中轴线上的连理树。连理树由一棵松树和一棵柏树相交而成，象征阴阳结合，夫妻和谐。

（17）天一门

天一门是中轴线上最小的一座门，它是钦安殿的前大门。皇帝于每年的立春、立夏、立秋、立冬四个节气在钦安殿设道场，并在天一门内设坛焚香，祈祷玄武之神保佑皇宫能够消除火灾。

（18）钦安殿

钦安殿是中轴线上唯一的宗教建筑，位于御花园的正中。钦安殿是祭祀道教之神的场所，供奉的主神是玄武大帝。玄武大帝又被称为玄天上帝、玄天大帝，被认为是皇宫的保护神。

（19）顺贞门

顺贞门位于御花园的最北面，它的后面正对着神武门的门洞。顺贞门主要有两个功用：一是供皇后外出去先蚕坛躬桑祭神；另一个功用是秀女要从此进入，并在门前排队候选。

（20）神武门

神武门始建于明永乐年间，本称"玄武门"。清代时为了避讳康熙皇帝的名字"玄烨"，将其改为"神武门"，神武是宫城御林军后军的名称。

（21）北上门

北上门位于神武门和景山南门之间，它是距离皇宫最近的建筑。北上门是中轴线上最古老的建筑，也是开启北京城市中轴线皇宫大内与禁苑的界尺。

（22）景山南门

景山南门是景山皇家禁苑的正门，坐北朝南。南对北上门，北对绮望楼。

（23）绮望楼

绮望楼建于清朝乾隆年间，位于景山朝阳一面的山脚下。坐北朝南，二层楼式，楼内供奉孔子神位。

（24）景山万春亭

景山万春亭是坐落在中轴线上最高处的建筑，位于景山中峰之上。它是北京城的制高点，站在万春亭上可以向南北两个方向领略北京城中轴线的风采。

（25）寿皇殿

寿皇殿是供奉皇室祖先的场所，始建于明朝万历年间。寿皇殿最早建筑在景山的东北角，清朝乾隆十四年（1749 年）将其移至景山北面，坐落在中轴线上。北京解放后，寿皇殿成为少年宫活动场所。

（26）地安门

地安门是皇城的后门，明朝时称作"北安门"，清朝顺治年间改称"地安门"。在北京皇城墙中，南面的三座城门（大清门、长安左门、长安右门）门洞为圆形，北面的三

座城门（东安门、西安门、地安门）门洞为方形，表示的是天南地北、天圆地方。

3.中轴线后段的建筑

（1）万宁桥

万宁桥始建于元代，也被俗称为"海子桥""后门桥"。由于位于中轴线上而位置十分重要，又与同样位于中轴线上的"天桥"南北两相呼应，因此又被称作"地桥"。

（2）鼓楼

鼓楼是我国古代用以报告时间的公共性建筑，元代就已经存在了。明永乐年间重建鼓楼，其样式一直保留至今。鼓楼的计时用"铜壶滴漏"，简称"滴漏"，这是我国古代主要的计时器之一。

（3）钟楼

钟楼的功能也是报时，并兼有报警的功能。明永乐年间在元大都钟楼旧址重建，现存样式为清乾隆年间所重建。报时、报警时要用到楼内的大钟。史学家认为，钟楼在中轴线顶端，钟楼大钟的铸造既有报时作用，也是明朝皇权定鼎北京的象征。

中轴线就像一条笔直的龙脉，在南北方向延伸着皇城北京。它不仅是一条城市的地理中心线，更是皇城的文明得以延续和发展的文化中心线。

三、北京的名胜古迹

北京的历史悠久，文化底蕴深厚，不同的历史时期为这座美丽的城市留下了不同的痕迹。而北京的名胜古迹在给我们带来美的享受的同时，也带我们回到了那些早已逝去的历史时代。透过历史的烟云看如幻如梦的北京城，在欣赏它的胜迹的同时，让我们再次感受北京的城市魅力。

（一）长城

提到中国，不能不提到被誉为"世界第八大奇迹"的万里长城。长城蜿蜒于崇山峻岭之间，东起山海关，西至嘉峪关，以其悠远的历史和雄伟的气魄而当之无愧地成为一条象征东方大国的巨龙。

春秋战国时期，各诸侯国纷纷修建烽火台，并用城墙将其相连以抵御外敌的入侵，这就是长城的最早雏形。烽火台古已有之，它是军事上传递信息的重要工具。当遇到敌情时，如果是在白天就施放烟雾，夜晚则以火点燃烽火台向外界发出信号，外援在看到之后就会迅速组织军队前来帮助。著名的"烽火戏诸侯"的故事就很好地体现了烽火台的重要功用。周幽王昏庸无度，竟为了博得美人褒姒的一笑而动用烽火台。美人笑了，随后国家也亡了。随着历史的推移，昏君的故事早已成了天下人的笑柄，而烽火台的重要性却一直延续了下来。秦始皇统一六国以后，下令修建长城，将各诸侯国修建的防御城墙相连，这充分体现了他的军事才干和人格气魄。自秦以后的各个朝代的统治者，都注重对长城的修筑，对它的军事价值给予了很高的评价。

长城的修筑是一项浩大而艰辛的工程，它的修建过程同它本身一样，都堪称奇迹。长城是我国劳动人民在没有任何机械的帮助、完全凭借人力的前提下修筑而成的。修筑过程中的每个环

节，包括石料的搬运和垒砌都应看做是我国劳动人民的辛勤和智慧的结晶。很多外国人在赞赏长城宏伟的规模时，也对它的修建过程产生了强烈的好奇，奥地利的著名作家弗朗茨·卡夫卡就以他想象的我国长城修筑的过程写成了《万里长城建造时》。

位于北京的一段长城是八达岭长城。八达岭长城是万里长城的一个重要的组成部分，原是明长城的一个隘口，它也是明长城保存最好、最完整的一段。这段长城因其完整性和位于首都北京的地理条件，使它成了最著名的一段长城，每年都吸引了大量的游人。可以说，到北京不能不来看看八达岭长城。

（二）故宫

提到北京，故宫是不可错过的。故宫也就是紫禁城，它是我国现存最大、最完整的古建筑群。在1985年由中国旅行社发起并组织全国人民进行的风景名胜评选中，故宫与万里长城、桂林山水、杭州西湖、苏州园林、安徽黄山、长江三峡、台湾日月潭、承德避暑山庄、秦陵兵马俑一起被誉为"中国十大名胜古迹"。故宫在世界上也极具影响力，被誉为世界五大宫之首（世界五大宫：北京故宫、法国凡尔赛宫、英国白金汉宫、美国白宫、俄罗斯克里姆林宫）。黄传惕的《故宫博物院》一文对故宫做了大致的介绍，并被选入人教版初中语文教材。而随着越来越多的清宫戏的热播，我们对故宫也早已不再陌生。

故宫作为明清两代的皇宫，建成于明朝永乐十八年（1420年），距今已有近六百年的历史。几百年的风雨洗礼了紫禁城，作为两朝宫城的它见证了我国封建社会的繁盛和衰败。故宫整体呈长方形，占地72万平方米。内有宫殿70多座，房屋9000多间，藏品90多万件，档案材料900多万件。

故宫有四个门，南为午门，北为玄武门，东西分别是东华门和西华门。故宫依其功用，主要可分为前朝和后宫两部分。以乾清门为界，往南为前朝，向北为后宫。前朝的太和殿、中和殿、保和殿并称"三大殿"，主要是皇帝处理政事、皇宫中举行重大庆典的处所。后宫又叫内廷，是皇帝处理日常事务及与宫

中国古都

中妃嫔居住休息的地方。我们经常提到的"三宫六院"就位于后宫。"三宫"又称"后三宫",指乾清宫、交泰殿和坤宁宫;"六院"其实是十二院,分布于"三宫"的东西两路。东路六宫分别是斋宫、景仁宫、承乾宫、钟粹宫、景阳宫和永和宫;西路六宫分别是储秀宫、翊坤宫、永寿宫、长春宫、咸福宫和重华宫。由于这十二宫都是庭院格式的建筑,所以又被称为"东六院"和"西六院"。现在,"三宫六院"一词被用来泛指帝王的妃嫔。

故宫不仅是我国古代宫廷建筑的代表和典范,它更是容纳众多珍贵文物的"聚宝盆"。故宫有八千多件一级文物,位居全国同类收藏单位之首。故宫的文化价值将同它的历史一样,随着时间的沉淀越来越珍贵。

（三）天坛

天坛位于原北京外城的东南方,是明清两代皇帝祭天地的地方,占地面积为273公顷,始建于明朝永乐十八年(1420年),最初被命名为"天地坛"。据说是明成祖朱棣为了能够顺利地有资格祭天地,给自己的王位一个合理解释而命人修建的。明朝嘉靖年间将其改称天坛。清乾隆、光绪年间对天坛进行过重新修建。我们今天看到的天坛已经不是它最初的样子了。

我国古代的帝王十分注重拜祭天地,他们称自己为"天子",时刻在寻求着自己统治天下的合理性,而对天地的拜祭更是体现了他们希望借助天力使自己的统治能够长久和稳固。天坛可以说是封建王朝祭祀建筑中最重要、最具代表性的作品,它的规模、布局以及外观等方面都堪称我国古代祭祀建筑中的一流作品。天坛南侧的坛墙为方形,北侧为圆形,有"天圆地方"的寓意。天坛的全部宫殿都呈圆形,而圆在此处正代表着天,这也表现了人要与天相接近的情感,体现了对"天人感应"的追求。

天坛的主要建筑有圜丘坛、皇穹宇和祈年殿。圜丘坛是皇帝祭天的地方,始建于明朝嘉靖九年(1530年),并于清乾隆年间对其进行了扩建。它是一座露天的圆形石坛,分为三层。

圜丘坛的台阶数、栏板望柱数、扇形面层数等都采用了"9"及"9"的倍数，这是因为数字9在我国古代文化中有着特殊的寓意，它指的是"阳数"、"天数"，代表的意思是至高和至大。"9"这一数字的使用，体现了天坛深远的文化内涵。圜丘坛的周围有四个门，按东南西北的顺序分别为泰元门、昭亨门、广利门、成贞门。取各门名称的第二个字可组成"元亨利贞"，这四个字取自我国古代著名典籍《周易》，这也体现了《周易》原理对我国古建筑的影响。

皇穹宇是用来供奉圜丘坛祭祀神位的，皇帝祭天时使用的祭祀神牌都存放于此。皇穹宇的围墙就是著名的回音壁。回音壁周长193.2米，墙面光滑而齐整，对声波有很好的折射作用，并可以使声波在沿墙壁传递的过程中拉长变大，给人造成一种神秘感。

祈年殿是天坛最古老的建筑物，它又被称为"祈谷坛"，皇帝每年都会在这里祈求风调雨顺。这也体现了我国古代注重农业、靠天吃饭的传统。

（四）圆明园

圆明园位于北京西郊的海淀一带，它占地五千多亩，相当于六百个足球场的大小。清军入主北京城后，不习惯北京炎热干燥的夏季，因此康熙将畅春园作为离宫，借以避暑休闲并在此处理政事。他大多数时间待在这座离宫里，只有在每年最冷的季节才回到紫禁城。而康熙将畅春园以北的一座园林赐给四子胤禛，并为其命名"圆明园"。胤禛成为雍正皇帝后，扩建圆明园，并使其成为继畅春园之后的清廷的第二个离宫。乾隆年间，对圆明园进行过九年的扩建，使其规模发展到极致。

圆明园不仅是清朝，也是我国历史上最著名的皇家园林。圆明园是圆明园、长春园、万春园（又称"绮春园"）三者的统称。这座园林气势宏大、景色优美，一年四季都有鲜花盛开，光是负责管理园林的太监就有三百多人。君王试图将全国各地的美景都移入园中，以期在园中可以见到自己统治的整个天下，

中国古都

因此代表各地特色的建筑都被"搬"入圆明园中。圆明园中的建筑时而具有代表皇家的高贵和典雅，时而具有象征江南水乡的委婉和纤秀，乾隆年间还命令来自意大利的传教士郎世宁修建了"西洋楼"。这样，这座巨大壮美的园林在囊括了我国各式建筑的同时又达到了"中西合璧"的至高水平。圆明园的修建不能不说是世界园林建造史上的一个奇迹。

圆明园历史地位的得来不仅在于它高超精妙的建筑和布局，其内的藏品也

是使它成为一座伟大园林的要素之一。法国的大文豪雨果曾经说过："即使把我国巴黎圣母院所有的宝物加在一起，也不能同这个规模宏大而富丽堂皇的东方博物馆媲美。"圆明园拥有大量的奇珍异宝和重要的图书典籍，它的历史文化价值难以用金钱来估量。

1860 年 10 月 6 日，英法联军入侵圆明园。第二天，他们开始了对圆明园疯狂和无耻的洗劫。联军的每个士兵都抢夺了大量的宝物，一些带不走的宝物被他们大肆毁坏。同年 10 月，他们更是放火焚烧了圆明园。大火燃烧了三天三夜，昔日恢弘浩大的建筑所剩无几。1900 年八国联军侵占北京，圆明园又一次遭受了浩劫。如今，我们已经见不到当初壮丽宏阔的皇家园林，而圆明园的遗址却时刻昭示着那段屈辱的过去，并时刻提醒着我们"落后就要挨打"的事实。

（五）颐和园

颐和园位于北京西郊的海淀一带，原名清漪园。它是我国现存的规模最大、保存最为完整的一座皇家园林。颐和园风景秀美，以杭州西湖为蓝本，它与承德避暑山庄、苏州拙政园、苏州留园并称为"中国四大名园"。

颐和园始建于清朝乾隆十五年（1750 年），是清朝北京著名的"三山五园"中最后建成的一座（"三山五园"包括香山、玉泉山、万寿山、静宜园、静明园、清漪园、圆明园、畅春园）。1860 年，英法联军火烧圆明园，颐和园也受到了很严重的破坏。光绪十四年（1888 年），慈禧太后下令对其进行修复，并将其名称由"清漪园"改为"颐和园"。1900 年，八国联军入侵北京，颐和园又一次遭受重大损害，第二年慈禧再次动用巨款对之进行修复。慈禧大力主张

中国古都

22

修复颐和园无非是为了自己可以在此避暑和颐养天年，纯粹是为了个人的享受。如果说颐和园初建的乾隆年间国富民强、国库殷实，清廷完全有能力建设如此规模的皇家园林，到了光绪年间慈禧执意对之进行修复时，清政府实际上已经没有了可以负担如此大规模工程的能力，1888 年对之进行修复所用钱财正是慈禧挪用的海军军费。可见，清朝末期的统治者（主要指慈禧太后）只顾自己享乐，置关系到国家危亡的大事于不顾。统治阶级内部的腐朽和衰败也是我国封建制度最终灭亡的一个重要原因。

颐和园将自然存在的万寿山和昆明湖作为园中的重要因素，在此基础上因地制宜，兴建土木，整个园林体现了对自然之道的重视。颐和园主要可分为风景游览区、生活居住区和处理政事的政治活动区。风景游览区以万寿山和昆明湖等景致为主，风景宜人，环境优雅。昆明湖水润泽了北京干燥的空气，使整个园区的风景更显鲜活动人。生活居住区是慈禧太后、光绪皇帝以及后宫嫔妃居住的地方，以玉澜堂、乐寿堂、宜芸馆等建筑为代表。政治活动区主要是慈禧和光绪处理政事和对外交往的主要场所，以仁寿殿为代表。现在的颐和园中景区众多，每处都各有其特点和魅力，在向我们彰显历史之余，更能使我们的身心得到愉悦和放松。

1998 年，颐和园被联合国教科文组织列入《世界遗产名录》，体现了它极高的历史地位和卓越的文化价值。

（六）明十三陵

明十三陵坐落在北京西北郊昌平境内的燕山山麓的天寿山，是明朝皇帝的墓葬群，也是我国乃至世界上埋葬皇帝最多的墓葬群。十三陵始建于明永乐七年（1409 年），到崇祯年间明朝灭亡，工程历经两百余年而未间断。共建成 13 座帝王陵墓、7 座妃子墓、1 座太监墓，这里共埋葬了 13 位皇帝、23 位皇后、2 位太子、30 余位嫔妃和 1 名太监。明十三陵总面积为 120 多平方公里，明朝迁都北京后 13 个皇帝的陵墓都分布于此，它们分别是明成祖的长陵、明仁宗的献陵、明宣宗的景陵、明英宗的裕陵、明宪宗的

茂陵、明孝宗的泰陵、明武宗的康陵、明世宗的永陵、明穆宗的昭陵、明神宗的定陵、明光宗的庆陵、明熹宗的德陵和明思宗的思陵。

　　明十三陵是一个统一的陵区，13座陵墓又自成一体，各自依山而建。各陵墓的建筑形式大同小异，每个陵都称作"宫"，外面用一道红色的宫墙将其围起。进入宫门是祾恩门，穿过祾恩门是祾恩殿，其后是宝城。宝城用来埋葬皇帝和后妃的棺椁，它的前面建有明楼并立有石碑，上面刻有皇帝的谥号。每个陵宫都有监、园、卫等机构，负责管理后勤和保卫的工作。

　　十三陵的陵墓建筑保存完整，是我国重要的文化遗产，具有很高的艺术价值。然而它更体现了我国古代劳动人民的辛勤汗水：十三陵建筑所用的木材是产自云、贵、川等地的香楠木，经采伐之后再运往修建陵墓之地，这本身就是一项浩大的工程，期间要经历无数的艰辛。光是木材一项的来源就如此不易，而营建十三陵所用的砖、石等可以说样样皆如此，样样皆得来不易。而陵墓的修建，其难度和劳动强度更是不必说。可以说，十三陵的建造史同时是一部劳动人民的血泪史。

　　明十三陵的选址和建造都体现了我国古代注重"天人合一"的传统，而依山建陵的布局也受到了外国专家的赞赏。2003年，明十三陵被联合国教科文组织列入《世界遗产名录》。世界遗产委员会对它的评价是："明清皇家陵寝依照风水理论，精心选址，将数量众多的建筑物巧妙地安置于地下。它是人类改变自然的产物，体现了传统的建筑和装饰思想，阐释了封建中国持续五百余年的世界观与权力观。"

　　北京的名胜古迹说不完、道不尽，昔日的亭台楼阁、皇宫庙宇都代表着一段古老的时间在历史上进行了永久的定格。北京作为全球拥有世界文化遗产最多的城市，用其独特的魅力向世人展现着它的历史文化价值。

四、北京的胡同和四合院

前面我们提到过北京的皇家建筑紫禁城，其金碧辉煌的宫殿在体现能工巧匠高超技艺的同时，更是表现了皇室家族盛气凌人的气势，我们被它的艺术魅力所感染和折服。与皇家宫殿相对的是北京的普通民居，老北京城的普通百姓居住的地方主要是四合院，而胡同和四合院的完美结合，又成了北京另一道亮丽的风景线。

（一）深深窄窄的胡同

胡同最早出现在元代，它的出现与元代大都城的布局有着密切的关系。元大都城的建筑以《周礼》为依据，讲究对称和齐整，普通民居亦是如此。大都城的居民住宅排列整齐，纵横分明。由于大批房屋的建成，房屋间需要留有空隙以便行走和方便采光，于是最早的胡同便形成了。北京的胡同，大多数都是正东正西、正南正北走向的，这也使整个北京看起来更加方正。

1．"胡同"的来历

关于"胡同"这一名称的由来有很多不同的说法，其中尤以以下三种说法最为流行，并得到了大多数人的认可。

第一种看法是，胡同之名来自于蒙古语中"城镇"一词的音译。在蒙古语中，"浩特"是城镇的意思，故现在内蒙古自治区的地名有呼和浩特、乌兰浩特等。元代蒙古人入主中原以后，定都北京，并将其改称为大都。他们沿用了自己的语言习惯把中原的城镇称为"浩特"，而京城的汉人听到之后将其读音误认为是"胡同"，于是"胡同"一词沿用至今。

第二种看法是，胡同之名来自于蒙古语"井"字的发音，是"水井"一词的借词。在蒙

古语中，"井"字的发音是"忽洞"。作为北方游牧民族的蒙古人，井在他们的日常生活中有着至关重要的作用。有人居住的地方一定要有井，有井的地方也代表着必定有人的存在。由于对井的重视，"井"这个字逐渐成为蒙古人对他们的居住地的代称。入主中原以后，蒙古人将这一习惯延续了下来，他们将在中原的居住地也称之为"井"。而"忽洞"也由于谐音而变为了"胡同"。

第三种看法是，胡同之名来自于某种语言色彩的使用。一直以来，中原地区的汉人都将北方的少数民族称为"胡人"。蒙古人建立元朝以后，尽管统一了中国并迁都北京，但是京城的汉人在私下仍然称他们为"胡人"。而"胡同"取的意思是"胡人大同"，也就是统一中国之意。"'胡同'本元人语，字中从'胡'、从'同'，盖取胡人大同之意"。（《宛署杂记》）

以上三种观点体现了人们对于"胡同"这一名称由来的普遍看法，可谓仁者见仁，这也从侧面体现了人们对"胡同"这一文化现象的普遍关注。

2. 胡同的命名

北京的胡同可谓是数目众多，而每个胡同的名字就像是它的独特的标签。在与其他地方的名称区分的同时，更是表现着自己独有的特点。而胡同的命名同胡同本身一样，在一定程度上反映了历史和文化的发展对其产生的影响。下面，我们就来看一下北京胡同的几种主要的命名方式。

（1）以人名和姓氏命名

以这种方式命名的胡同有很多，选用的人名范围很广。既有历史上的名人，也有一些平常的百姓，还有用姓氏配以职业命名的。例如，文丞相胡同就是以南宋的爱国将领文天祥来命名的，苏萝卜胡同则是以卖萝卜的苏氏来命名的。再如砂锅刘胡同（今大沙果胡同）、汪纸马胡同（今汪芝麻胡同）等都是以这种方式来命名的。

（2）以形象和标志命名

一些与百姓日常生活联系密切的事物或一个地方的标志性的事物也可以作为给胡同命名的依据。比如耳朵眼胡同、罗圈胡同等是以当地的特点或形状来命名的，堂子胡同、石虎胡同是以特殊标志来命名的，麻花胡同、萝卜胡同、烧酒胡同等是以食物来命名的。其中烧酒胡同得名于原来胡同内有烧锅酿酒的作坊，现在作坊已经没有了，但是胡同的名字还是保存了下来。这也体现了一些胡同名字的历史价值和意义。

（3）以当地具有代表性的建筑命名

这些建筑可以是工厂、仓库，也可以是寺庙、花园、市场等。比如观音寺胡同、正觉寺胡同、玉阁胡同（原名为玉皇阁胡同，得名于胡同中的玉皇庙）等就是以寺庙命名的，珠宝市、鲜鱼口等是以市场命名的。这种命名方式"就地取材""因地制宜"，既可以轻易地从胡同周围的建筑中为其选取名称，又可以通过名字知晓胡同的具体位置。

（4）以表达美好愿望的吉祥话命名

中国人喜欢讨"口彩"，就是喜欢彼此说些表示祝福和吉祥的话，而一些胡同的命名也是根据吉祥话得来的。"福""寿""喜""安""康"等表示吉祥和祝福的话经常被人们用以胡同的名字，例如寿长胡同、福盛胡同、喜庆胡同、喜鹊胡同、永祥胡同、平安胡同等。这种命名方式既表达了人们对生活积极乐观的态度，也表现了普通百姓渴望生活安定幸福的美好愿望。

（5）以方位词命名的胡同

可能是城市方正分明的原因，北京人向来很注重方位感。在为胡同命名时，一些名称的前面会加上"东""南""西""北""中"这类表示方位的词，以明确胡同的具体方位。比如中帽胡同、北半壁胡同、西红门胡同等命名，清晰、明确地表达了胡同的具体方位。

3. 京城著名的胡同

胡同可以说是北京城的一个重要的历史文化舞台，作为一种文化和历史的载体，它在承接着过去的同时又在开启着未来。它既是从历史中走来的一种文化传统，又是我们可以真切感受到的活生生的实物。胡同的魅力可能正在于此，在于它是活着的、发展着的历史。下面我们就来看看京城比较著名的几个胡同，感受一下它们的魅力和价值。

（1）什刹海胡同

什刹海胡同可以说是北京最具有游览价值的胡同，它并不是单独的一个胡同，而是一组胡同的统称。什刹海胡同位于北京著名的历史文化风景区什刹海，包括大金丝胡同、小金丝胡同、前井胡同、后小井胡同、刘海胡同、大石碑胡同、小石碑胡同、银锭桥胡同、铜铁厂胡同、前海东沿胡同、前海南沿胡同、前海北沿胡同、后海南沿胡同、南官房胡同、北官房胡同共十五条胡同。

其间纵横交错，与钟楼、鼓楼遥相呼应，什刹海的两岸又有恭王府、宋庆龄故居等著名的建筑。漫步于什刹海胡同，可以感受到浓重的历史文化气息扑面而来。

（2）砖塔胡同

砖塔胡同东起西四南大街，西至太平桥大街，是北京历史上最古老的胡同之一。砖塔胡同得名于胡同东口的万松老人塔。万松老人是元代的名臣耶律楚材的老师，他是当时著名的僧人。万松老人在圆寂后被葬于此处，人们为了纪念他而建造了砖塔。元明清三代，砖塔胡同并非是普通的居民区，而是当时的娱乐中心之一，是比较热闹的地方。1900 年，八国联军入侵北京以后，砖塔胡同遭到了很大的破坏，戏班等都纷纷逃离了这里，砖塔胡同日趋平静。于是砖塔胡同由娱乐区逐渐变成了居民区。

如今，砖塔胡同最吸引人的地方可能在于它是我国现代文学史上两位重要作家的故居所在地。这两个人一个是尽人皆知的文学巨擘鲁迅先生，一个是"鸳鸯蝴蝶派"的代表人物张恨水，他们在用笔触感受着社会和人生的同时，也为砖塔胡同增添了文化的内涵和深度。

（3）八大胡同

八大胡同的著名在于它是老北京花街柳巷的代名词，是当时京城出了名的

"红灯区"，上百家的妓院和出入其间的达官显贵，使它成为京城的一个热闹繁华的地方和重要的娱乐场所。八大胡同位于宣武区南部的大栅栏地区，由八个胡同组成，分别是石头胡同、韩家潭、陕西巷、百顺胡同、胭脂胡同、王广福斜街、外廊营和皮条营。有一种说法认为，老北京所谓的"八大胡同"并非专指以上八个地区，而是泛指前门外大栅栏的一带地区。由于当年这八个地区的妓院等级比较高，所以才更加著名。

这一带的妓院曾经多达上百家，夜间一到，处处灯火通明、纸醉金迷。其间许多女性的悲惨命运和遭遇往往给人以很深的警醒，而这里发生过的风流韵事也不计其数。蔡锷和小凤仙的故事一直被人们津津乐道。小凤仙虽步入风尘却保持着高洁的品格，在她的协助下，蔡锷将军得以逃离虎口并举行了讨伐袁世凯的起义。蔡锷十分欣赏小凤仙，他在小凤仙处留宿时曾经写道："不信美人终薄命，古来侠女出风尘。此地之凤毛麟角，其人如仙露明珠。"表达了对小凤仙的高度肯定和赞美。

（4）小杨家胡同

小杨家胡同原名为小羊圈胡同，位于北京市西城区新街口大街的东侧。这个胡同的格局很特殊，不像一般的胡同一样是直来直去的。小杨家胡同的入口比较小和隐蔽，经过几个转弯后是一片小的形似葫芦的空场，入口窄、中间宽的格局很像羊圈，所以被人们形象地称为"小羊圈胡同"。建国以后，由于"羊圈"一词听着不雅而被改称为"小杨家胡同"。

著名的作家老舍就出生在这里，他在这里度过了自己的童年时光。14岁以前，小羊圈胡同是老舍主要的活动场所，胡同里的一切都成了为他提供创作素材的宝贵资料。老舍先生在多部作品中都提到过小羊圈胡同，而小羊圈胡同也由于老舍先生的名作《四世同堂》而名声大噪，备受人们的关注。

（5）东西交民巷

东西交民巷是北京最长的胡同，由东交民巷和西交民巷两个部分组成，全长6.5里。明清期间，东交民巷和西交民巷被称为东江米巷和西江米巷。这是由于明朝期间这里是从南方运往北京的江米卸货集散的地点，因而这条胡同就以江米命名。

东西交民巷地理位置优越，处于靠近城市中心的位置。近代以后，随着西方列强的入侵，各国相继在北京设立了大使馆，而以东西交民巷一带最为集中。这里随之由"东西江米巷"改为了"东西交民巷"。东西交民巷有著名的花旗银行旧址、法国使馆旧址、大陆银行旧址等一系列的建筑，成为北京唯一一处有洋房林立的街巷。

（二）方方正正的四合院

胡同的产生其实是由于四合院的出现，众多的四合院整齐排列、纵横有致，每排房屋之间留出的空隙就成了胡同。所以说，四合院和胡同是密不可分的，二者一同展示了老北京普通民居的风貌。

1. "中国盒子"四合院

四合院的四周是房屋，中间是庭院，整体方方正正。房屋组成了一个封闭的居住空间，从空中鸟瞰像是一个盒子，因此四合院被著名的作家汪曾祺称为"中国盒子"。其中"四"指的是东南西北四个方向，"合"是说四面的房子合在一起、围在一起，这样就会在中间形成一个"口"字型，这就是四合院。我们也可以将四合院看做是一个"回"的字型，外面一个"口"，套着里面的一个"口"，总之是方方正正的。

四合院是胡同中最主要的建筑，也是北京民居最主要的形式。它的出现始于元代，明清以来，四合院逐渐成了我国北方地区民宅的主要形式。清代到民国时期，北京的四合院数量发展到了顶峰，可以说城市里遍布了四合院。

四合院这一建筑样式体现了对中华传统文化的继承和发扬。首先，北京四合院的建筑形式受到了儒家文化的影响，具有封闭和保守的特点。四合院对内是统一的整体，讲究长幼有序，正房要给长辈住，其余的房屋也依次类推，每

七朝古都北京

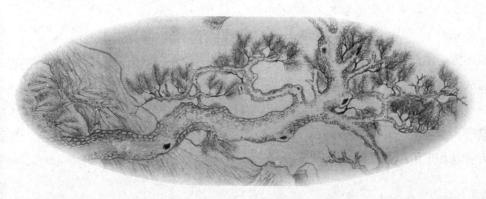

个人都有各自的位置。四合院对外是一个封闭的整体，院墙和大门使它与外界隔离开来，阻碍了院内和院外的交流与沟通。人们生活在自己的小圈子内，这也体现了中国文化的封闭和保守的一面。其次，四合院的建筑格局也受到了古代文化的影响，我们已经知道《周易》为元代的建筑和城市布局提供了依据，而其中提出的关于风水文化的思想也深深地影响了四合院的建成。例如四合院"坐北朝南"方位的确立就是顺利、吉利的好兆头体现，可见风水的观念对建筑的影响早已深入人心。

2. 名人居住过的四合院

西城区阜成门内西三条胡同 21 号是文学巨擘鲁迅的故居，鲁迅曾在院中亲手栽种的丁香和刺梅树，直到现在依然生机勃勃。位于东面的房屋现在被作为收藏有关鲁迅资料的博物馆，北房后面的一间小屋则是鲁迅当年写作的房间。砖塔胡同和八道湾也曾经是鲁迅居住过的地方，其中八道湾胡同 11 号就曾是鲁迅和他的弟弟周作人的居所。八道湾也因此成了众多文学青年心中的圣地。

护国寺街 9 号是著名的戏曲大师梅兰芳先生的故居，现为梅兰芳纪念馆。解放后，梅兰芳在这里度过了生命中的最后十年。现在前院被作为展厅，后院则基本保持了原貌，西厢房作为陈列室展示了梅兰芳的文化成果。

东城区灯市口西街丰富胡同 19 号是作家老舍的故居，现为老舍纪念馆。由于园中有两棵老舍亲手栽下的柿树，故这里又被称作"丹柿小院"。老舍在这里度过了生命中最后的十六年，他建国以后的全部作品都是在这里创作完成的。

今天，随着北京城区的改建，一些胡同和四合院已经不复存在了，留存下来的胡同和四合院大多数被作为旅游的景点和资源供人们欣赏和游玩。近年来北京兴起了"胡同游"的旅游项目，众多的中外游客对此表现出了极大的兴趣和热情。他们乘坐传统的人力三轮车，在街巷间感受着北京作为古城的沧桑和北京普通民众最质朴的生活。

随着历史的演进，北京的胡同和四合院越来越多地被看作是一种历史文化遗产。漫步其间，我们仿佛超越了历史和时空的界限，在纵横交错中，我们体会着老北京带给我们的万千风情。

中国古都

五、北京的美食

北京不但有悠久的历史、美丽的风光、举世罕见的名胜古迹，更有令人垂涎欲滴的美味佳肴。不论是"全聚德"的烤鸭、"东来顺"的涮羊肉、"信远斋"的酸梅汤，还是冰糖葫芦、"驴打滚"、"糖耳朵"……不论是讲究精细制作的京城老字号，还是讲究方便快捷、走街串巷的小吃，北京都为我们奉上了一道道的极品美味。

（一） 京城老字号

京城的美食老字号都是响当当的真正的大牌，悠久的历史和考究精细的做工使它们在同类食品中鹤立鸡群，"京城老字号"这一称号就是对它们的最大的肯定。王致和、全聚德、谭家菜、烤肉季、东来顺、张一元等名号更是驰名国内外，很多游客都是慕名而来。

1. 全聚德

全聚德是享誉海内外的老字号烤鸭店，创建于清代同治年间。创始人杨寿山，字全仁，原为河北蓟县人。他在十几岁时来到北京，在肉市做起了生鸡鸭的买卖，由于善于理财又勤奋节俭，几年下来他攒下了一笔积蓄。1864 年，一家名为"德聚全"的干果子铺由于经营不善而濒临倒闭，杨寿山抓住了这个机会，用自己多年的积蓄盘下了这家店，并将其名称改为"全聚德"，取"以全聚德，财源茂盛"之意。从此正式开始经营烤鸭子和烤炉肉。

杨寿山对烤鸭店细心经营，全聚德的生意蒸蒸日上。他意识到要想保持生意一直兴隆不败，必须要有最好的厨师和最棒的烤鸭技法，于是他不惜花重金聘请了一位在御膳房工作的烤鸭技术高超的孙姓师傅。孙师傅果然不负众望，在他的建议下，原来的烤炉被加大、加

深，他将清宫挂炉烤鸭技术应用于此并进行了改良。经过不断的探索，全聚德的烤鸭达到了色、香、味俱全的境界。烤鸭不仅外型美观、颜色诱人，而且皮脆肉香、外焦里嫩、肥而不腻、瘦而不柴，真正体现了店内烤鸭技术的一流水平。

如今，全聚德在全国各地都有自己的连锁店，生意一步步地做得更大更强。全聚德餐厅推出的"全鸭席"等菜肴更是得到了众人的认可。

2. 烤肉季

烤肉季始创于道光二十八年（1848年），北京通州的回民季德彩在摆摊卖烤羊肉时最早打出了"烤肉季"的名号。摆摊经营烤羊肉多年后，季德彩买下了什刹海边靠近鼓楼的一座小楼，正式开办"烤肉季"烤肉馆。当时的京城专卖烤肉的共有三大家，分别是烤肉苑、烤肉季和烤肉王。而烤肉季与烤肉苑更深受众人的喜爱，二者并称"南苑北季"。

烤肉季所在的鼓楼地区曾是京城重要的繁华商业区，这也为烤肉季的发展和壮大提供了很有利的条件。烤肉本来是北方草原上游牧民族的美食，清军入关以后，这种美食传入了京城，它的食用方法也发生了一些改变，更加适合中原人们的饮食方式。烤肉季生意的兴隆在于用料的考究和细致的做工。烤肉季的羊肉都选自西口绵羊，而且烤肉所选的都是鲜嫩的后腿和上脑的部分。将肉切成半透明的薄片，佐之以顾客按照自己口味挑选的调料进行烤制，想想都会觉得香味扑鼻。

发展至今，烤肉季已经有了一百多年的历史。在烤羊肉之外，店内还增加了海鲜、鸡、鸭等各种美味的烧烤，以尽力满足不同口味顾客的需要。

3. 东来顺

东来顺始创于1903年，创始人是一位名叫丁德山的回民。他在东安市场摆摊出售羊肉杂面、荞麦面切糕、贴饼子和粥，生意日渐兴隆，于是取"来自东京，一切顺利"之意，挂起了东来顺粥摊的招牌。1914年，在增添了炒菜和爆、炒、涮羊肉的基础上，正式更名为东来顺羊肉馆。

"东来顺的涮肉——真叫嫩"，这句由东来顺的涮羊肉得来的歇后语充分反映了东来顺在京城人民心目中的地位。东来顺的羊肉都是精挑细选的内蒙古大尾巴绵羊，只用两至三年的阉割公羊或者是至多只产过一胎的母羊，为的是保持肉质的鲜嫩，由此"嫩"成了东来顺涮羊肉的一个重要特点。"薄"也是东来顺涮羊肉的一大特点。据说当时前门外正阳楼饭庄有一位厨师刀工精湛，丁德山得知后用重金将其挖至自己的饭庄。将东来顺的肉片放置青花瓷盘中，可以透过切好的羊肉隐约看到盘上的花纹，看东来顺的师傅切肉和吃东来顺的火锅都成为了一种享受，东来顺也因此而扬名天下。

东来顺的调料和它的羊肉一样都是精选的。不论是酱油、虾油还是黄酒都选用质量有保障的优质产品，而它所用的芝麻酱、韭菜花、米醋等都取自自家的酱园和菜园。精挑细选的调料也形成了东来顺独具特色的风味。

4. 王致和

闻名中外的王致和南酱园始创于康熙十七年（1678年），经营的主要产品是臭豆腐，兼营豆腐干、酱菜等，其中以臭豆腐最为著名。

王致和的臭豆腐是在无意间被制成的。据传康熙八年（1669年）来自安徽的考生王致和进京赶考落第，他不甘心，决心再试。但是盘缠已经用光，家也回不去了，他只好滞留在京城。王致和幼年期间曾和父亲学过磨豆腐，于是他便置办了一些简单的用具，靠着磨制豆腐的手艺，整日卖豆腐以维持生活。很快夏天到了，有一天他剩了很多豆腐没有卖掉。王致和舍不得浪费，不忍心扔掉，思量了很久，他将这些豆腐切成小块，放在一口小缸里用盐腌了起来，而这件事随后被他慢慢地忘掉了。秋后的一天，王致和突然想起这一小缸豆腐，急忙找到并打开缸盖。而这时豆腐早已发霉长毛，臭气熏天了。王致和还是不忍心丢弃，于是试着尝了一下，看看能不能再吃。结果发现豆腐虽臭，却另有一番鲜美的滋味蕴含其中。于是他拿给邻居们品尝，众人一致称赞。随后的日子里，王致和屡试不中，最后干脆弃学经商，专门做起了卖臭豆腐的生意。

这就是王致和臭豆腐的来历，它的由来真可谓充满了偶然性。

康熙十七年，王致和在经过对臭豆腐制作工艺进行改进的基础上，生产规模扩大了很多，品质也更好，最终臭豆腐成了享誉京城的食品。臭豆腐甚至传入宫廷，并由于它的青色方正而被慈禧太后赐名为"青方"。

5. 都一处

都一处烧麦馆始创于乾隆三年（1738 年），距今已有二百七十多年的历史。

它的前身是王记酒铺，由一位山西的王姓人创办。

乾隆十七年（1752 年）的农历大年三十，乾隆皇帝从通州私访回京。进入永定门前门一带已是饥肠辘辘，而当时的大多数酒家店铺都已经关门。乾隆一行三人发现只有一家酒铺还在营业，便进入其中。王姓掌柜看到三人气度不凡、仪表不俗，心想着他们一定不是等闲之辈。于是亲自侍奉这三个人，并把店里的特色菜拿给他们享用。当乾隆皇帝问起店名时，王姓掌柜说店铺还没有正式的名字，于是乾隆给它起了个名字"都一处"。掌柜的只顾寒暄应答着，对这件事也没有太放在心上。没想到过了几天之后，几名太监拿着乾隆皇帝亲笔题写的匾额来到王记酒铺，这时掌柜的才知道三十晚上前来用餐的竟然是乾隆皇帝。而从此，王记酒铺也就有了响当当的大名"都一处"，并从此名声大振。

现在的都一处特色是烧麦，这烧麦也是有不同寻常的来历的。19 世纪 30 年代时，店里的掌柜只顾自己挥霍享乐，对店里伙计很是刻薄，给的工钱也很少。伙计们心生怨恨，在做菜的时候少放油，做烧麦的时候却往里面放很多的虾仁和蟹肉，他们想用这种方法来报复掌柜的，让他少赚钱。没想到适得其反，都一处的烧麦由于用料好，味道越来越好，吸引了大量的人前来品尝，烧麦从此成了都一处的特色，直至今日仍然有很多人慕名前来。

（二）北京小吃

北京小吃汲取了各地小吃的精华，它兼收各族小吃的风味而形成了浓郁而独特的京味特色。北京小吃驰名中外，它不仅是北京人饮食习惯的体现，也反映了北京文化的包容性。北京小吃俗称"菜茶"或"碰头食"，它烹制精美，种类丰富，好吃而不贵，因此深得广大群众的喜爱。

1. 驴打滚

驴打滚是北京小吃中比较古老的品种之一。驴打滚其实就是豆面糕，它是用豌豆粉和黄豆粉（或用江米粉）混合在一起煮熟后，卷上红豆沙馅（或红糖），再蘸上炒豆面制成的。卖的时候要切成小段，有时还要在外面撒上一层白糖。"驴打滚"是一种形象的比喻，这是由于制作过程中有一步是要在黄豆面中滚一下，就像驴在打滚一样，由此得名。

驴打滚是人们非常喜爱的一种小吃，在老北京，人们总喜欢在农历二月初二这一天买些驴打滚来吃。现在各家小吃店一年四季都有供应，人们想什么时候吃都可以。

2. 豌豆黄

豌豆黄是春夏季节供应的北京民间小吃，它是夏季消暑的佳品，后来传入了宫廷。清宫的豌豆黄以上等的白豌豆为原料，做出的成品色泽浅黄。豌豆黄纯净、细腻，入口即化，味道十分的香甜而清凉。由于慈禧喜欢食用而出名。

关于豌豆黄的来历还有一个故事，说是有一天慈禧在北海静心斋歇息，忽然听到大街上有吆喝声，慈禧感到很纳闷，就让人去看看是怎么回事。太监回禀说是卖豌豆黄和芸豆卷的，慈禧一时高兴就让人把他叫至园中。来人奉上了自己制作的豌豆黄和芸豆卷，慈禧吃了后觉得很高兴，于是就将其留在了宫中，专门为自己制作这两样食品。

3. 糖耳朵

糖耳朵又称蜜麻花，是北京小吃中常见的名品，由于它成形后形状像人的耳朵而得名。糖耳朵是清真食品，它的原料是砂糖面粉和小糖等。糖耳朵颜色棕黄油亮，质地绵润松软，味道很甜，是著名的甜食。

与糖耳朵相似的还有蜜箅子，蜜箅子的原料配制与糖耳朵相同，但是二者成形后的形状不同。蜜箅子是三层擀平，然后在中间竖划几刀，经过油炸后还

中国古都

要过一遍蜂蜜，因此被称为蜜箅子，味道也很好。

4. 艾窝窝

艾窝窝最早出现在元代，而明代的皇帝也很喜欢吃，因此成为明代的宫廷小吃，称为"御爱窝窝"。传入民间以后，百姓不敢用"御"字，"御爱窝窝"就演变成了"爱窝窝"，也称为"艾窝窝"。每年农历春节前后至夏末秋初，北京的小吃店都会供应艾窝窝，现在一年四季都有供应。

《燕都小食品杂咏》中提到"白粉江米入蒸锅，什锦馅儿粉面挫。浑似汤圆不待煮，清真唤作艾窝窝"。艾窝窝外表看起来像是大个儿的汤圆，它是将白糖、山楂、芝麻、豆沙等做成的馅放在蒸熟的江米揉成的面团内，成形后还要在外面滚上一些干熟的米粉。做成后就可以食用，不用再做蒸煮。

5. 豆汁

豆汁是北京久负盛名的传统小吃。它由做绿豆粉或团粉的粉浆经过发酵而成，色泽微绿，有特殊的酸味并带有微微的苦涩。豆汁是流行于冬、春两季的小吃，老北京人对它有着特殊的偏爱。食用前需要用锅煮沸，喝豆汁时一般要搭配炸好的焦圈和咸辣的菜丝，这样才够正宗。

豆汁虽然其貌不扬，却深得老北京人的喜爱，外人一般是喝不惯的，到嘴里会觉得酸臭，甚至作呕。但是喜欢的人却能够乐在其中，享受其独特的风味，更有甚者会对豆汁上瘾，一天不饮就会觉得有所缺欠。豆汁具有丰富的营养，它富含蛋白质、维生素 C、粗纤维

等营养成分，并且有清热、解暑、开胃等功效。慈禧太后当政时期，豆汁更是成了宫廷御膳的一种饮料。

6. 面茶

面茶是北京小吃中的滋补佳品。它的做法是首先将面粉炒至颜色发黄，麻仁和芝麻等炒熟并用擀面杖擀碎，加入桂花和牛骨髓油，搅拌均匀，放入碗内，加入适量的白糖，用开水冲成糊状就可以吃了。面茶的味道甜美、香味浓郁，可以作为早点或是夜宵，深得老北京百姓的喜爱。

老北京人喝面茶很有讲究，既不用筷子，也不用勺。而是用一只手端着碗，

沿着碗的边沿转圈喝。这种吃法为的是更加仔细地品尝面茶独特的风味。

7. 灌肠

灌肠是一种大众街头小吃，也是在老北京备受欢迎的一种小吃。灌肠在明朝就开始流传，具有悠久的历史。

灌肠可以分为两种。一种是大灌肠，做法是将猪的肥肠洗干净，将用红曲水、豆蔻、丁香、优质面粉等十几种原料经过调制配成的糊状调料灌入肠中。灌好的肥肠煮熟后切成小块，并放入猪油中煎至微焦。吃的时候浇上盐水蒜汁，既香脆又咸辣。另一种是小灌肠，它的做法是将用淀粉和红曲水以及豆腐渣调成的糊状调料放入洗好的猪肠中，将其蒸熟后切成小块，放入猪油中煎至微焦，吃的时候也浇上盐水蒜汁。

灌肠外焦里嫩，要用小竹签一片一片地扎着吃，颇显特色。

8. 炒肝儿

相传清朝同治年间，北京有个叫刘永奎的人在鲜鱼口内租了间铺面，开了一间夫妻小店，并取名"会仙居"，专门经营黄酒和小菜。后来小店由他们的后代刘宝贵哥三个经营，主营炒猪肝儿。他们制作的炒猪肝儿味道非常的鲜美可口，物美价廉，远近闻名。普通百姓和达官贵人都喜欢炒猪肝儿，使得"会仙居"名噪一时。

据说有一次慈禧太后也吃到了炒猪肝儿，品尝之后，在赞叹之余提出如果去掉与肝相连的心和肺味道可能会更好。从此以后，老北京又多了一句歇后语"北京的炒肝儿——缺心少肺"。

北京的美食众多，而声名远扬的京城老字号和名不见经传的北京小吃更是代表了北京美食的两个方面：一雅一俗，一庄一谐，二者在共同满足着京城人民好胃口的同时也体现了北京文化的包容性和丰富性。

中国古都

十三朝古都西安

　　驰名中外的古都西安是一座历史名城，位于陕西关中平原的渭河南岸。西安与雅典、罗马、开罗并称为世界四大古都，从公元前 11 世纪到公元 10 世纪左右，先后有 13 个朝代或政权在西安建都及监理政权，历时 1100 余年。西安城中有辉煌朝代所遗留下来的文物古迹，是举世闻名的旅游胜地。汉唐盛世的一幕幕历史剧都是在这里上演的，为西安的光辉增加了无穷的魅力。

一、谈古说今话西安

西安的文物古迹遍布地上地下，丰富多彩，系统而完整，被誉为"天然历史博物馆"。

西安辖碑林、新城、莲湖、未央、雁塔、灞桥、阎良、临潼、长安、蓝田、高陵、周至、户县，幅员辽阔，是我国西北重镇。

西安历史悠久，据考古发现，远在六千年前，我们的祖先就在西安定居了。

半坡遗址位于西安市东郊灞桥区浐河东岸，是黄河流域一处典型的原始社会母系氏族公社村落遗址，属新石器时代仰韶文化，距今六千年左右。它是黄河流域规模最大、保存最完整的原始社会母系氏族村落遗址。

半坡遗址分为居住、制陶、墓葬三个区，居住区是村落的主体。

半坡人属于新石器时代，使用的工具主要是木器和石器。妇女是主要生产力，负责制陶、纺织、饲养家畜，男人则大多从事渔猎。

半坡遗址共出土石、骨、角、蚌、陶、牙等质料的各种生产工具 5275 件，可区分为三大类：农业生产工具、渔猎工具、手工业工具。还有其他制品，如陶制的乐器口哨，也称陶埙，保存完整，为细泥捏制而成。此外，装饰品发现很多，计有九类一千九百多件。按材料分，有石、陶、骨牙、玉、蚌、贝壳等；按形状分，有环饰、坠饰、方形饰、片状饰和管状饰等；按功用分，有手饰、发饰、耳饰、颈饰和腰饰等。这说明在新石器时代，西安地区的人类文明已经发展到很高的水平了。

半坡荟萃了黄河流域的史前文明，被誉为"华夏第一村"。

在中国历史长河中，在西安建都的朝代有 13 个。

第一个定都西安的是西周。

周族有着悠久的历史，原在陕甘交界处一带活动。后来，他们以岐山之南的周原为主要根据地，从事农业生产。公元前11世纪初，周族力量日益强大，一面征伐附近小国，扩充实力；一面把都城从周原迁到今天西安市长安县沣水西岸，建起了一座丰京城。这是中国历史上西安建都之始。

周族不断东进，周武王即位后，在姜子牙等人的辅佐下，趁商朝主力东征之际，出兵灭了商朝。周武王灭商后，定都于镐京。

丰、镐两京也称宗周，位于西安市长安区西北部的沣河两岸，丰京在河西，镐京在河东，是西周王朝近三百年间的政治、经济和文化中心。

周武王灭商后，控制了商朝原来的统治地区，又征服了四周许多小国。

从周朝开始，我国境内各民族与部落不断融合。从此，华夏民族逐渐形成，成为现代汉民族的前身。

第二个定都西安的是秦朝。

秦本是春秋战国时期的一个诸侯国。周平王元年（公元前770年），秦襄公护送周平王东迁，立了大功，被封为诸侯。从周釐王五年（公元前677年）起，秦国在雍建都，长达三百来年。

秦献公二年（公元前383），秦国将都城由雍城迁至栎阳，其地在西安市阎良区武屯乡关庄和御宝屯一带。这样，在西安城里，又多了一个建都的地点。

周显王十三年（公元前356年），秦孝公任用商鞅变法，使秦国强大起来，为统一中国打下了基础。这一年是秦孝公六年。

秦孝公十二年（公元前350年），又迁都到咸阳。秦王嬴政统一六国后，仍以咸阳为都城。

秦始皇在全国推行郡县制时，规定京畿内不设郡，只设内史管辖，以区别于其他诸郡。当时西安地区便只设内史，如同今天的大西安包括咸阳一样，当时的大咸阳也包括西安。因此，说秦朝曾在西安建都是符合史实的。

第三个定都西安的是西汉王朝。

西汉是中华民族发展史上的一个重要时期，中华各民族的核心——汉族就是在这一时期出现的。秦始皇统一中国后，战国时期各国的文化相互渗透，相互融合。到西汉时，中华地区在典章制度、语言文字、文化教育、风俗习惯等多方面渐趋统一，形成了共同的汉文化。

当初，汉高祖刘邦本打算定都洛阳，张良一听，立即进言，劝他定都长安，说："夫关中，左崤函，右陇蜀，沃野千里，南有巴蜀之饶，北有胡苑之利，阻三面而守，独以一面东制诸侯。诸侯安定，河渭漕挽天下，西给京师；诸侯有变，顺流而下，足以委输，此所谓金城千里，天府之国也。"刘邦听了张良的分析后，采纳了他的建议，取消了定都洛阳的决定，当天就乘车前往长安。

长安百姓听说刘邦来了，倾城出动，夹道欢迎。他们还记得当年刘邦和他们约法三章的事，认为刘邦是位仁厚的长者。

不久，长安便成了全国的商业中心，汇集了来自全国各地的货物，十分繁华。长安人口很快发展到 50 万，是当时全国最大的城市。

第四个定都西安的是新朝。

新朝寿命很短，只有 15 年，是王莽篡汉建立的。

王莽是汉元帝皇后王政君的亲侄，他年轻时孝母尊嫂，生活俭朴，饱读诗书，结交贤士，声名远播。

做官后，王莽礼贤下士，常把自己的俸禄分给门客和穷人，甚至卖掉马车接济急需帮助的人，因而深受世人爱戴，终于当上了一人之下万人之上的大司马。

不料，当上大司马之后，王莽的政治野心越来越大了。汉平帝死后，他故意立幼子刘婴为帝，为他篡汉创造了条件。

公元九年元旦，王莽篡位称帝，改国号为"新"，年号为"始建国"。

王莽在位期间，倒行逆施，一道道命令从长安传向全国，不是改革新令，就是出征急令。

王莽名为改革，实为返古倒退；名为为国出征，实是穷兵黩武。这样，他将百姓推向了灾难的深渊。不久，民怨沸腾，天下大乱，义军纷起。

23 年，义军攻入长安。长安百姓早就恨透了王莽，这时立即群起而攻之。为了泄愤，他们冲入宫中将王莽刺死，剐其肉而食之。

第五个定都西安的是东汉献帝。

东汉都城本来在洛阳，是大军阀董卓强迫东汉献帝迁都长安的。

汉灵帝中平六年（189 年），汉灵帝病死。汉灵帝有两个儿子，大的叫刘辨，小的叫刘协。董卓进京立刘协为帝，史称汉献帝。

董卓依靠拥立之功，自封为丞相，独揽了朝中大权。他参拜不名，入朝不趋，剑履上殿，全无人臣之礼。从此，他在洛阳为所欲为。有一天，董卓带兵到郊外闲游，正赶上庙会，人山人海，十分热闹。董卓兽性大发，竟命令士兵冲进人群，把男人全部杀掉，驾上他们的牛车，抢走妇女和财物，还把那些砍下来的人头绑在车辕上带回洛阳。一路上，董卓让士兵狂呼乱喊道："打了大胜仗回来了！"

董卓在洛阳的所作所为引起了人们的强烈反对，有十多个州郡先后起兵反对董卓。董卓一看形势不妙，急忙挟持汉献帝撤出洛阳，逃往长安。

董卓到了长安，更加专横跋扈，穷奢极欲。他拼命搜刮财物，下令把秦始皇在长安所铸的铜人和宫里的铜钟全部砸碎，又把旧有的五铢钱收集起来，利用这些铜料铸成小钱在市上流通使用。这样，大钱改成小钱，弄得物价飞涨，一石谷的价钱高达数十万钱。长安百姓锅中断粮，只得以草根树皮充饥，都希望董卓快快死掉。不久，长安城里流传起一首童谣："千里草，何青青！十日卜，不得生。""千里草"是"董"字，"十日卜"是"卓"字。这首童谣是说"董卓你怎么还活得好好的，十日之内就死了吧"。董卓倒行逆施，恶贯满盈，终于引起众怒。汉献帝初平三年（192 年）四月间，大司徒王允和骁将吕布合谋杀了董卓。

董卓死后，长安市民奔走相告，欢欣鼓舞。看守董卓尸体的士兵见董卓肥胖，就在他的肚脐中插上灯芯，像点油灯一样点着了。这支特大的"油灯"足足亮了两天。

董卓死后，汉献帝又回到了洛阳。

三年间，长安虽然有幸成为一国之都，但长安百姓却被董卓害苦了。

第六个定都西安的是西晋。

司马懿的儿子司马昭死后，他的孙子司马炎逼曹操的后人退位，自己做了皇帝，建立了晋朝，史称西晋。西晋最初定都洛阳，并统一了中国。

晋惠帝永兴元年（304 年），匈奴贵族刘渊起兵反晋。

刘渊身高八尺，双手过膝，自幼喜欢读书，拜上党大儒崔游为师，曾学习《毛诗》《京氏易》《春秋左传》《孙吴兵法》《史记》和《汉书》，深爱汉族文化。

刘渊胸怀大志，要做一番事业，是个既通晓汉文化又能文能武的匈奴贵族。

晋武帝司马炎初见刘渊时，因他状貌魁伟，感到惊讶，知道他不是一般人。这时，有人向晋武帝推荐说："陛下可让刘渊统兵去讨伐东吴，东吴可灭。"晋武帝说："此事可以考虑。"但朝中大臣认为刘渊是匈奴人，不可重用，晋武帝只好作罢。刘渊听说此事后，曾大哭一场。

八王之乱爆发后，刘渊想帮助晋王朝平乱，要发兵攻打鲜卑和乌桓。这时，他的叔祖刘宣对他说："我们祖先单于和汉高祖刘邦结为兄弟，同甘共苦，何等友好。不料，自从汉朝灭亡后，我们单于徒有虚名，连地盘都没有了。晋朝君臣待我们像待奴婢一样，这口气怎能咽下去呢？鲜卑、乌桓和我们习性相同，可以结为外援，怎能攻打他们呢？"刘渊一听此言，如梦方醒，激动地说："我现在有十万雄师，个个以一当十，消灭晋朝如同秋风扫落叶一样。但要夺取天下，必须先得民心。当年，我们单于迎娶汉朝公主为阏氏，我们都是汉朝皇帝的外甥，和汉朝皇帝本是一家。如果我们打出大汉的旗号，就名正言顺了。"

晋怀帝永嘉二年（308 年），刘渊在平阳称帝，自称是汉朝的外孙，把他建立的国家定名为汉国，表示要继承汉朝的正统。

刘渊建立汉国后，发兵攻打晋都洛阳，最后终于攻克洛阳。

当洛阳沦陷时，晋朝皇室有大批人逃往长安，汉军尾随打进了长安。

当时，关中连年灾荒，缺乏粮食，在那里无法立足，汉军便掠走八万多汉人，奏凯而归。

晋朝宗室和大臣听说匈奴军队走远了，又都回到长安，拥立司马炎的孙子司马邺做了皇帝，史称晋愍帝。这样，西晋的都城便从洛阳被动地迁到了长安。

晋愍帝建兴四年（316 年），汉军又一次攻陷长安，西晋文武官员全部被俘。

晋愍帝坐着羊车，光着膀子，口里衔着传国玉玺向汉军投降，持续五十二年的西晋王朝至此灭亡了。

正如刘渊说的那样，汉军像秋风扫落叶一样灭了晋朝。

第七个定都西安的是前赵。

刘渊死后，其子刘聪即位，八年后也死了，其子刘粲即位，不久被匈奴贵族靳准所杀。318年，镇守长安的刘聪族弟刘曜自立为帝，定都长安，改汉国为赵国，史称前赵。

一年后，刘渊大将石勒也自称赵王。因他建国晚一年，史称后赵。

前赵政权在长安维持了十一年，最后被石勒大军消灭了。

第八个定都西安的是前秦。

前秦是十六国时期氐族建立的政权。氐族人苻坚于351年自称大秦天王，定都长安，史称前秦。

从西晋八王之乱开始，长安百姓陷于水深火热之中，饱尝战乱和水旱之灾的摧残。长安城中遍地白骨，一百个人仅有一两个人能存活下来。

苻坚即位后，饱经天灾人祸近二百年的长安百姓终于有了盼头。

苻坚聪明绝顶，记忆力极强，两目有紫光，双手过膝。苻坚读书特别用功，学业进步很快，很快成了一位饱学之士，经史子集，诸子百家，无所不通。书籍使苻坚明白了他应该统一天下，建功立业。他知道一个人的力量是有限的，因此他到处搜罗人才。不久，他终于选中了一个名叫王猛的谋士。

苻坚封王猛为中书侍郎，要他帮助自己进行政治改革。改革促进了社会发展，使前秦迅速强大起来。

不久，苻坚提拔王猛担任中书令兼京兆尹。王猛与中丞邓羌同心协力整顿京城秩序，对那些违法乱纪的人铁面无私，毫不手软，即使是皇亲国戚也一概绳之以法，不留情面。一时间，百官震惊，恶人丧胆，社会风气大变，长安城里连掉在路上的东西也没人敢私自拾走了。

不久，王猛升任宰相，因日夜为国事操劳，终于积劳成疾，一病不起。

苻坚建元十一年（375年）六月，苻坚见王猛病重，十分难过，亲自去探望他，问他说："以后国家大事该怎么办？"王猛回答说："东晋虽然偏安江南，但它以正统为号召，君臣和睦，民心还是归向它的。臣死之后，陛下千万不要急着攻打东晋，要留心鲜卑、西羌等内患。"说完，瞑目而逝，享年51岁。

符坚大恸道："这是上天不让我统一天下吗？为什么这样早就把我的王猛夺走了呢！"

长安百姓十分怀念王猛，整整悼念了三天。

前秦曾一度统一我国北方黄河流域，给北方的稳定带来了好处。不幸的是，符坚忘了王猛临终之言，过早地发兵攻打东晋，在淝水之战中大败而归。

在符坚统治下，长安百姓过上了三十五年的太平日子。

第九个定都西安的是后秦。

符坚在淝水之战中大败，退回长安，清点一下人马，原来的几十万人只剩下十分之二三了。

前秦吃了败仗，力量大为削弱，鲜卑人、羌人、匈奴人纷纷反秦自立，建立了许多政权，北方广大地区重又陷入分裂之中。

符坚回到长安不久，被他的部将——羌族人姚苌缢死于佛寺中。

晋孝武帝太元九年（384年），姚苌自称皇帝，国号大秦，定都长安，史称后秦，长达三十四年。

第十个定都西安的是西魏。

西晋灭亡后，北方分裂了一百多年，最后由拓跋氏建立的北魏结束了五胡十六国的混战局面，统一了北方。

北魏孝武帝元年（532年），大军阀高欢拥立孝文帝的孙子元脩当皇帝，史称孝武帝。孝武帝不甘心当傀儡，高欢闻讯后率军进入京城洛阳问罪。孝武帝不知所措，只好逃到西方的长安投奔大军阀宇文泰。

高欢另立孝文帝的曾孙元善见为帝，史称东魏孝静帝。

孝武帝逃到长安后，被宇文泰所杀。宇文泰立元宝炬为帝，史称西魏文帝，定都长安，与高欢所拥立的东魏对立，政权实际上由宇文泰操控。

从此，长安百姓又有了转机。

西魏立国后，形势极为严峻。东有高欢大军压境，南有梁军不时构衅。尤其是高欢，与西魏为敌，欲将其扼杀于襁褓之中。而双方力量对比

又十分悬殊，东魏地广国富，人口逾二千万，兵强马壮；西魏地狭国贫，人口不满一千万。为此，宇文泰忧心忡忡，急欲寻找人才变法图强。这时，有人向他推荐朝臣苏绰。苏绰博览群书，满腹经纶，天文地理无所不知，在同僚中很有名气，各衙门有什么疑难问题都征询他的意见。于是，宇文泰提拔苏绰为大行台左丞，参与机密，拟订治国大纲，革新政治，使西魏迅速强大起来。

苏绰以天下为己任，为了改革，呕心沥血，鞠躬尽瘁，终于积劳成疾，于西魏文帝大统十二年（546年）病逝。

苏绰归葬故里时，宇文泰率百官送棺椁出城，长安百姓也倾城而出，痛哭失声。真是举国同悲，山河易色。

第十一个定都西安的是北周。

宇文泰死后，长子宇文觉自称周公。第二年，他废掉西魏恭帝，自立为帝，建立周朝，仍定都长安，史称北周。

周武帝宇文邕是宇文泰的第四子，自幼聪明机智，文静恬雅，孝敬父母。宇文泰极疼爱他，常说："将来实现我宏图大志的，一定是这个孩子。"

北魏以来佛教盛行，北周境内有佛寺一万多所，和尚、尼姑二百多万人。这些人不劳而食，还享受不纳税不服徭役的特权，成了社会上的寄生虫。

北周武帝建德三年（574年），周武帝下令没收关、陇、梁、益、荆、襄等州僧侣地主的土地和寺院财产，充作军费；销毁铜佛像和铜钟、铜磬等，用以铸造铜钱和武器；近百万的僧侣被勒令去开荒种地。这件事史称"灭佛"。

周武帝宣布灭佛时，有的和尚吓唬他说："禁佛是要下地狱的。"周武帝坚定地说："只要百姓得到快乐，我愿受地狱之苦。"

周武帝灭佛，打击了僧侣地主，发展了生产，使国家增加了物质财富，相对地减轻了人民的负担，为消灭北齐、统一中原创造了条件。

灭佛之后，北周国富兵强，远远地超过了东方的北齐。

第十二个定都西安的是隋朝。

北周武帝宣政元年（578年）五月，周武帝率领大军北伐突厥，不幸在途中病倒，回到长安就死了。这年，他才36岁。太子宇文赟即位，史称周宣帝。周宣帝为人喜怒无常，经常无故惩罚大臣，就连皇后和嫔妃也不能幸免。外自官员，内至宫女，人人自危，搞得全国上下无不怨恨。

周宣帝当皇帝不到一年，就对每天上早朝厌烦了。于是，他把皇位传给年仅7岁的儿子宇文阐，自己到后宫尽情玩乐去了。史称宇文阐为周静帝。

这时，周宣帝的岳父杨坚进宫辅佐幼主周静帝，独揽了北周的军政大权。接着，他便强迫即位刚一年的小皇帝让位，夺取了北周的政权，建立了隋朝，仍定都长安。

杨坚就是中国历史上有名的逆取顺守的隋文帝。

隋文帝做了两件大事。第一件事是建立新城：隋文帝刚建都时仍沿用汉代长安城，但由于七百多年间的多次战乱，长安城里宫室残破，井水咸而有卤，已经不适宜建都了。隋文帝开皇二年（582年），隋文帝下令在西安龙首原以南的平原上建立新都，名为大兴城。大兴城规模宏大，布局合理，全面考虑了地形、水源、商业、交通、城市管理、军事防卫、环境美化以及经济、文化等诸多因素，充分显示了当时的经济实力和科技水平。第二件事是伐陈：开皇八年（588年）春天，隋文帝任命他的二儿子晋王杨广、三儿子秦王杨俊和大臣杨素三人为行军元帅，率东、中、西三路大军讨伐江南的陈朝，统一了中国。这样，分裂了几百年的中国重又统一了。

第十三个定都西安的是唐朝。

唐朝第一个皇帝李渊出生于长安，7岁就袭了唐国公。李渊的妻子窦氏是隋朝贵族神武公窦毅的女儿，隋文帝独孤皇后又是李渊的姨母。因此，李渊在朝廷上十分受宠。

隋炀帝大业十三年（617年），李渊被任命为太原留守。太原是北方重镇，不仅兵源多，而且粮饷足，储粮可供十年之用。李渊在太原发展自己的势力，徐图大举。当时，隋炀帝远在江都，沉湎声色，鞭长莫及。李渊宣布起兵时说："今日大举义兵，是为了安定天下，维护朝廷。"李渊一方面以辅佐朝廷为幌子，掩人耳目，另一方面联合突厥，扩充势力。李渊派刘文静出使突厥，去见始毕可汗，请他率兵相应。始毕可汗送良马一千匹，还答应李渊派兵护送他去长安。李渊进入长安后，下令封府库，收图籍，禁止掳掠。城内百姓夹道欢

十三朝古都西安

51

迎，秩序井然。大街上人来人往，似乎没有发生任何事情似的。李渊立隋代王杨侑为皇帝，史称隋恭帝，遥尊隋炀帝为太上皇。李渊自任大丞相，进封唐王。隋恭帝实际上成了李渊的傀儡。

李渊为了进一步巩固自己的势力，开始大封功臣。晋阳旧吏都得到了一官半职，无不盼望李渊早做皇帝，自己好捞到更大的好处。

不久，隋炀帝被杀，李渊再也不需要隋恭帝了，便逼他退位，然后在太极殿即位，国号唐，改元武德，大赦天下，建都长安。

唐朝是中国历史上封建社会的辉煌时期，真正结束了中国几百年来的混战局面，都城长安也得到了进一步的发展，比现在的西安城要大七倍多，人口增至一百余万，是当时世界上规模最大、人口最多的城市。

以上十三朝在西安建都之说，赢得了绝大多数史学家的认可。

此外尚有多种建都之说，如认为武则天建周时曾在西安建都，黄巢和李自成也曾在西安建都等。

元代称西安为安西路，后来又改为奉元路。

明太祖洪武二年（1369年），改奉元路为西安府，西安之名由此而来。

1928年，西安首次设市。

1948年，西安由省辖市改为国民政府行政院辖市。

中华人民共和国成立后，西安市曾经是陕甘宁边区辖市、西北行政区辖市、中央直辖市、计划单列市。

从1954年以来，西安一直是陕西省省会所在地，现属副省级城市。

1981年，联合国教科文组织将西安市定为世界历史名城。

西安市现为中国七大区域中心城市之一、亚洲知识技术创新中心、新欧亚大陆桥中国段最大的中心城市和中国大型飞机制造基地。

西安市是中国重点高等院校最为集中的城市之一，科技实力仅次于北京、上海，居全国第三位。

西安曾荣获"国家卫生城市""中国优秀旅游城市""中国最佳管理城市"等称号。

二、帝后陵寝

（一）夏太后陵

秦始皇祖母夏太后陵位于西安财经学院新校区，在过去杜县东南一带。

陵园占地面积约 260 亩，南北长 550 米，东西宽 310 米。一座隔墙将陵园分为南北两区。南区主要是房屋建筑遗址，北区有大墓和 10 多个陪葬坑坐落其间，南北长 410 米。

这是我国古代最高规格的墓葬，具有四条墓道。在大墓的陪葬坑中有安车一辆、挽马六匹。根据古代礼制，只有天子才能有六匹挽马，也就是所谓的"天子驾六"。

夏太后是秦庄襄王的母亲，秦始皇的祖母，其级别完全够得上用天子之礼安葬。

夏太后是秦昭襄王太子安国君的夫人，生了个儿子叫异人。

在众多夫人当中，安国君最宠爱的是华阳夫人，但华阳夫人没有生儿子。

异人长大后，被派到赵国都城邯郸去做人质。由于秦国多次攻打赵国，赵国对异人不加礼遇，异人在赵国很不得意。大商人吕不韦见到异人后，不禁说道："此奇货可居！"意思是说这个货可以买下来挣大钱。于是，他对异人说："我能光大你的门楣。"异人笑道："你先光大自己的门楣吧。"吕不韦说："你不知道，我的门楣得靠你的门楣才能光大哩。"异人明白他的意思，两人密谈起来。吕不韦对异人说："秦王已经老了。太子宠爱华阳夫人，而华阳夫人却没有儿子。你父亲一旦即位，立了太子，你就没有机会做太子了。"异人问道："那怎办好呢？"吕不韦回答说："只有华阳夫人能决定谁做太子。我虽然穷，但愿意拿出千金为你活动，让你父亲立你为太子。"异人说："如果此事真能办成，我愿意和你平分秦国。"于是，吕不韦拿出五百金送给异人，让他结交宾客。又用五百金买了一些珍宝献给华阳夫人，对华阳夫人说："异人极其贤能，宾客遍布天下。他为人极孝，以夫人为天，还常流泪

思念父亲。"华阳夫人听了，十分高兴。接着，吕不韦让华阳夫人的姐姐劝华阳夫人说："漂亮的脸蛋是靠不住的，一旦色衰，太子就不会爱你了。不如趁现在太子爱你时，在太子的儿子中选一个贤能的立为嫡子。这样，将来即使色衰也有依靠了。异人既然很贤能，就立他为嫡子吧。"华阳夫人一听就同意了，忙去对安国君说："我很不幸，没有生儿子。我想认异人为子，好有个依靠。"太子十分宠爱华阳夫人，言无不从，当时就同意了，还刻玉为符，立异人为继承人。

这样，夏太后的儿子异人在安国君众多儿子中脱颖而出，被立为太子，后来做了秦王。

夏太后一直到嬴政即位七年后，也就是他20岁时才去世。此时周王室已经灭亡，秦国也达到了国力最强盛的时期。由于没有周天子的束缚，夏太后才得以用天子所享用的礼制下葬。

夏太后陵墓规模巨大，是秦始皇下令修建的，被称为我国古代第二大墓，有极高的文物价值。

（二）秦始皇陵

秦始皇陵位于陕西省西安市以东30公里的骊山北麓，南依骊山，北临渭水，规模宏大，气势雄伟，面积56.25平方公里。陵基近方形，状如覆斗，夯土筑成。

陵上封土原高约115米，现存陵高76米，陵基东西宽345米，南北长350米，酷似金字塔。

陵园内有内外两重城垣，内城周长3840米，外城周长6210米。内外城廓有高约8至10米的城墙，尚残留遗址。墓葬区在南，寝殿和便殿建筑群在北。

秦始皇陵是中国第一座皇家陵园，在中国近百座帝王陵墓中以规模宏大、埋藏丰富著称。

1956年陕西省人民政府公布秦始皇陵为省级重点文物保护单位，1961年被中华人民共和国国务院公布为第一批重点文物保护单位。

1987年，联合国教科文组织把秦始皇陵列入世界文化遗产保护目录，成为全人类的共同财富。

2002 年，秦始皇陵荣膺国家 4A 级旅游景区。

古埃及金字塔是世界上最大的地上王陵，中国秦始皇陵是世界上最大的地下皇陵。

秦始皇从 13 岁即位起就开始在骊山修建陵墓。统一六国后，秦始皇又从全国各地征发十万多人继续修建，直到他 50 岁死去，共修了 37 年。

据史书记载，秦始皇陵挖至泉水之下，然后用铜汁浇铸加固。墓宫中修建了宫殿楼阁和百官朝见时的位次，放满了奇珍异宝。墓室顶上饰有明珠，象征天体星辰；下面是百川、五岳和九州的缩雕，象征江河大海川流不息。

公元前 210 年，秦始皇死于沙丘平台，平台在今河北广宗。

秦始皇尸体运回咸阳入葬时，秦二世胡亥命令秦始皇的宫女一律殉葬，修造陵墓的工匠也全部埋于墓中。

秦始皇帝陵四周分布着大量陪葬坑和墓葬，现已探明的不止 400 个。

在这些陪葬坑中，有象征帝王乘舆的铜车马、象征宫廷养马的马厩、象征皇帝射猎的珍禽异兽坑，以及象征秦王百万雄师的兵马俑。尽人皆知的巨型兵马俑阵已经被列为世界八大奇迹。

1974 年 3 月 29 日，陕西骊山北麓西杨村农民打井时在井中发现了一个陶兵俑头，并陆续挖出俑头、残肢和铜弩机件、青铜镞等。于是，陕西省成立了秦俑考古队，于当年 7 月 15 日开始试掘。经过半年的挖掘，发现了"一号俑坑"。1975 年，在一号俑坑遗址上盖起了保护大厅，成立了"秦始皇陵兵马俑博物馆"。1976 年 4 月，在一号俑坑东端北侧约 20 米处钻探出二号俑坑，同年 5 月又在一号俑坑西端北侧 25 米处钻探出三号俑坑。

秦始皇兵马俑陪葬坑是世界最大的地下军事博物馆，布局合理，结构奇特，在深 5 米左右的坑底每隔 3 米架起一道东西向的承重墙，兵马俑排列在墙间空档的过洞中。

秦陵内三个兵马俑坑呈品字形排列。一号俑坑呈长方形，东西长 230 米，南北宽 62 米，深约 5 米，总面积 14260 平方米，四面有斜坡门道。俑坑中最多的是兵俑，身高 1.7 米左右，最高的 1.9 米。陶马高 1.5 米左右，身长 2 米左

右。战车与实用车大小一样。人、马、车和军阵是通过写实手法的艺术再现。

二号俑坑呈曲尺形，东西长 96 米，南北宽 84 米，总面积约为 6000 平方米。坑内建筑与一号俑坑相同，但布阵更为复杂，兵种更为齐全，是三个坑中最为壮观的军阵，是由骑兵、战车、步兵、弩兵组成的多兵种部队。二号俑坑有陶俑、陶马 1300 多件，其中有将军俑、鞍马俑、跪姿射俑。

三号俑坑南距一号俑坑 25 米，东距二号俑坑 120 米，面积约为 520 平方米，呈凹字形。门前有一乘战车，内有兵俑 68 个。三号俑坑为总指挥部，负责统率左、右、中三军。

兵马俑体现了我国古代劳动人民的智慧，是世界奇迹，享誉中外。

近年来，秦始皇陵区内有 5 万余件重要的历史文物出土，其中不少是价值连城的稀世珍宝，如铜车马、乐府钟、夔纹大瓦当、踞坐俑等。

从这些陪葬坑的内涵来看，秦始皇陵园就是当年秦始皇地上王国的再现，人间有的一切在地下都有。在地下王国中，秦始皇过着与生前一样的生活。

（三）胡亥墓

胡亥即秦二世。

胡亥墓坐落在西安市雁塔区曲江乡西曲江村南半坡上，圆形，封土堆高 5 米，直径 25 米。

墓北有石碑一座，高 3 米，宽 98 厘米，厚 28 厘米。碑面阴刻"秦二世皇帝陵"六个隶书大字，为清高宗乾隆四十一年（1776 年）陕西巡抚毕沅所立。

胡亥墓环境幽僻，与秦汉以来宏伟的帝王陵墓迥异，同附近的杜陵、少陵相比也颇为逊色。

秦始皇三十七年（公元前 210 年）冬十月，丞相李斯、秦始皇小儿子胡亥和中车府令赵高跟随秦始皇出游。秦始皇在平原津一病不起，临死时让赵高写信给长子扶苏，让他到咸阳参加葬礼。

当时，扶苏在大将蒙恬的辅佐下，正在镇守北疆。

信已写好，尚未发出时，秦始皇死于沙丘平台。李斯唯恐公子们乘机在京

城作乱，于是秘不发丧，将秦始皇装在车上运回咸阳。一路上照旧给秦始皇上饭，百官奏事如初，只有几个人知道秦始皇已经死了。这时，深得胡亥宠信的赵高开始打坏主意了。当初，秦始皇宠任蒙氏兄弟，蒙恬在外为将，蒙毅在朝内参政。赵高生下来是个天阉的男子，秦始皇见他身强有力，精通断狱，便提拔他担任中车府令，让他教胡亥断狱，胡亥极宠信他。后来赵高犯罪当死，秦始皇让蒙毅审理，蒙毅给赵高判了死刑。秦始皇法外施恩，赦免了他，还恢复了他的官职。从此，赵高十分痛恨秉公执法的蒙毅。如今，赵高见秦始皇已死，心想："如果扶苏即位，必重用蒙氏兄弟，到那时我就倒霉了。"于是，他给胡亥出主意说："我们可以伪造诏书，以皇帝的名义诛杀扶苏，立你为太子。"胡亥听了，十分高兴。赵高又说："此事如果不与丞相合谋，恐怕不能成功。"于是，胡亥让赵高找李斯商量。赵高对李斯说："皇上的符玺和写给扶苏的信都在胡亥手里，立谁为太子，全凭你我之口了。你看怎么办好？"李斯说："你怎么说出这种亡国之言？这不是做人臣的应当议论的。"赵高问道："在扶苏心目中你能比得过蒙恬吗？"李斯说："当然比不过蒙恬。"赵高说："扶苏如果即位，必然让蒙恬做丞相，那时你肯定不能衣锦还乡了。而胡亥仁慈宽厚，会善待你的，请你好好考虑考虑再做决定吧。"李斯听了，认为他说得有理，便和他定计，诈称接受秦始皇之命，立胡亥为太子。于是，他们另外写了一封信给扶苏，说他不能拓边立功，士兵多有伤亡，还屡次上书诽谤君父，抱怨不能立为太子。蒙恬明知其谋，却不能矫正他的过失，因此两人要同时赐死。扶苏见信后，立即自杀。这样，胡亥得以即位，史称秦二世。后来，蒙氏兄弟也被赵高害死了。

秦二世不学无术，凶暴残忍，只知享乐。他登基后，听信赵高的谗言，增加赋税，滥用酷刑，使百姓和群臣不堪忍受。不久，天下大乱，陈涉、吴广揭竿而起，项羽、刘邦举兵响应，百姓纷纷造反。

赵高依仗胡亥的宠信为所欲为，为报私怨杀了好多人。他怕大臣入朝举报，便劝秦二世说："天子之所以尊贵，是因为大臣们只闻其声，不见其面的缘故。陛下如果坐在朝上听政，万一言语失宜，举止不当，必被大臣指责，见笑于天下。因此，陛下不如深居宫中，让微臣去处理政事，有事也好商量。这样，天下就会称陛下为圣主了。"秦二世正懒得上朝，听了这话真是求之不得，立即准奏。从此，他再也不坐朝接见大臣，政事都由赵高一人决定了。

有一天，秦二世听说百姓造反了，便问赵高，赵高怕归罪于他，便敷衍说："关东盗贼成不了什么大事。"

秦二世三年（公元前207年），刘邦率军攻下武关，关中震动，赵高这才害怕了。他怕秦二世治他的罪，将他处死，便称病不朝了。秦二世派人责问赵高说："丞相，为何盗贼日见增多？"赵高一听，更加害怕，便先下手为强，让女婿阎乐率兵入宫，逼秦二世自杀了。

秦二世死后，以庶人礼下葬。

1956年8月6日，胡亥墓被陕西省人民委员会列为第一批重点文物保护单位。

多行不义必自毙，胡亥可谓反面人物的典型。

（四）霸陵

霸陵位于西安市东郊白鹿原东北角，当地人称其地为"凤凰嘴"。

霸陵也写作灞陵，是汉文帝的陵园。灞即灞河，灞陵因靠近灞河而得名。

霸陵依山而建，是中国历史上第一个依山凿穴的帝陵，对六朝和唐朝依山为陵的建制影响很大。

霸陵陵园工程十分浩大，建有寝殿、便殿等，墓门、墓道、墓室以石片垒砌，并有排水系统。霸陵在西晋时曾遭盗掘，发现了大量的陪葬品。

西汉一般是帝后合葬，但不合陵，也就是皇后与皇帝葬在同一处，但各自立陵。

薄太后是汉高祖刘邦的妃子，于汉文帝登基后被尊为太后。因为太后吕雉与汉高祖刘邦合葬，所以薄太后不能与刘邦合葬，只能葬在这里。

窦皇后陵在窦陵村西北，距霸陵东北一公里左右。窦皇后陵园之东有从葬坑多座，包括女儿馆陶公主、外孙女孝武皇后陈阿娇等，现已发掘36座，出土了造型优美的彩绘陶俑、陶罐和马、牛、羊等动物骨骼。　　　刘邦死后，大儿子刘盈做了皇帝，史称汉惠帝。刘盈为人懦弱，不适合做皇帝，他的母亲吕太后掌握了朝中大权。刘盈在位七年，24岁便死了。吕太后继续执政，九年后才死去。大将周勃和丞相陈平商量说："代王刘恒是高祖的儿子，帝位应该由他来继承。"这样，刘恒做了皇帝。他就是历史上有名的汉文帝。

刘恒是刘邦的第三个儿子。母亲薄氏随儿子长住封国，远离长安，未曾与吕后争宠，因此得以平安地活了下来。

刘恒做皇帝后，在第一道诏书里说："春天快到了，草木复苏，而贫苦的百姓却面临死亡，为民父母的怎能不关心他们呢？要立即赈济他们。"

这一年，汉文帝废除了连坐法。过去，一人犯罪，要连累父母、兄弟、妻子。汉文帝说："法律本来是禁止暴行保护好人的，既然犯法的人已经判了刑，又何必对他人施暴呢？"

汉文帝还废除了肉刑，因为截掉了肢体，就再也接不上，受刑的人就是想悔过自新也不可能了。

汉文帝在位期间，轻徭薄赋，与民休息，曾两次将田赋减为三十税一，甚至十二年免收全国田赋。他还大兴水利，加速发展农业生产。

因此，汉文帝被史家称为"仁君"，经常有人特地到霸陵去祭拜他。

（五）杜陵

杜陵是汉宣帝陵墓，在西安市曲江乡三兆村南。

杜陵是西汉帝陵中规模较大、保存较好的一座，1988年被中华人民共和国国务院公布为全国重点文物保护单位。

陵园平面方形，边长430米。墙夯筑，基宽8米。四面正中各有一门，门址通宽 85 米，进深 20 米，门道宽 13.2 米，底铺素面方砖。

王皇后陵园及其形制与杜陵基本相同，唯规模较小，边长为 330 米。

杜陵出土遗物主要为砖瓦建筑材料，有方砖、长条砖，纹饰有素面、几何纹和小方块纹。瓦当有"长乐未央""长生无极"等文字。此外尚有铁刀、铁锸、铁钎、镏金铜构件、铁镞和五铢钱、大泉五十等。

汉宣帝许后陵在西安市南，因规模比杜陵小，故称少陵。

汉武帝死后，儿子刘弗陵即位，史称汉昭帝。这年，他才 8 岁，国家大事全由大将军霍光处理。

汉昭帝在 21 岁那年就去世了，他没有儿子，霍光和皇太后商量，迎立汉武帝的孙子昌邑王刘贺为帝。但刘贺是个荒淫无耻的人，才做了二十七天皇上，就做了一千多件不该做的事。霍光见他不适合做皇帝，便奏请太后将他废掉，另立汉武帝的曾孙刘询为帝，这就是汉宣帝。

汉宣帝名刘病已，是汉武帝太子刘据的孙子。

汉武帝老年昏聩，刘据被奸臣陷害自杀。刘据死后，刘病已的父母也都遇害身亡。那时，刘病已生下来才几个月，也因被牵连而住进长安监狱。

负责长安监狱的廷尉监丙吉是个正直而富有同情心的人，他认为才几个月的孩子根本无罪，便找了几个女犯人照顾刘病已。后来，他又自己花钱雇了一个刑满释放的女犯人专门抚养刘病已。

5 岁时，刘病已出狱了。他的名字又上了汉朝宗室的簿籍，生活费用由朝廷供应了。

掖庭令张贺对刘病已特别关心，掏钱供他读书，让他受到了良好的教育。当他 16 岁时，张贺又为他娶了个妻子，名叫许君平。

如今，刘病已一步登天，坐上了人人企盼的皇帝宝座。

汉宣帝受过良好的教育，知道为君之道。他从平民做了皇帝，非常珍惜这个位置。他从亲政开始，就下定决心，一定要做个好皇帝。

他知道众擎易举，自己的能力是有限的，于是他特别注意选拔贤臣，让他们代表自己的意志去治国平天下。

汉宣帝励精图治，轻徭薄赋，发展生产，国家大治，长安百姓都称他是中兴之主。

三、名人古墓

（一）扁鹊墓

扁鹊墓位于骊山东侧，距秦兵马俑约 8 公里。墓高约 1.67 米，墓围周长约 50 米。墓前有石碑 1 通，穹顶，通高 1.32 米，碑座高 0.35 米。墓旁有石羊 1 对，古槐 1 株，树龄已超过两千年。墓东有扁鹊祠，祠内有碑，上刻《重修扁鹊祠记》。

扁鹊祠分东西二庙，西庙面对中条山，靠近王官谷瀑布，风景优美。抗日战争期间曾遭日军战火所毁，仅存石狮 1 对，碑碣 3 通。

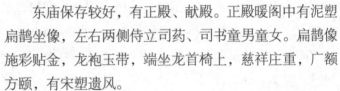

东庙保存较好，有正殿、献殿。正殿暖阁中有泥塑扁鹊坐像，左右两侧侍立司药、司书童男童女。扁鹊像施彩贴金，龙袍玉带，端坐龙首椅上，慈祥庄重，广额方颐，有宋塑遗风。

扁鹊姓秦，名越人，被人尊为神医扁鹊，战国时期渤海郡莫州（今河北任丘）人。

扁鹊年轻时曾在故乡做过舍长，即旅店主人。在他的旅舍里，有一位长住的旅客叫长桑君，是位神医。长桑君见扁鹊为人忠厚，乐于助人，聪明勤快，便将医术及秘方传授给他。于是，扁鹊拜长桑君为师，继承了他的医术，成了一代名医。

扁鹊成名后周游各国，为人治病。他善于汲取前代和民间的经验，逐步掌握了多种治疗方法，医术到了炉火纯青的地步。扁鹊创造了望、闻、问、切的诊断方法，奠定了中医临床诊断和治疗方法的基础。

扁鹊精于内、外、妇、儿、五官等科，应用砭刺、针灸、按摩、汤液、热熨等方法治疗疾病，被后人尊为医祖。

当时，秦国地处西陲，非常重视从东方各国招揽人才，扁鹊也来到了秦国。

有一天，秦武王与武士进行举鼎比赛，伤了腰部，吃了太医李醯的药仍不见好转，反而更加严重了。有人说："神医扁鹊已来到我国，大王何不请他治一治？"秦武王立即传令扁鹊入宫。扁鹊给秦武王服了一剂汤药，不久就病愈了。

秦武王大喜，想封扁鹊为太医令。李醯知道后，担心扁鹊日后超过他，便在武王面前极力阻挠，称扁鹊不过是"草莽游医"。秦武王半信半疑，但没有打消重用扁鹊的念头。

李醯妒火中烧，派了两个刺客刺杀扁鹊，被扁鹊的弟子发觉，躲过了一劫。

扁鹊决定带弟子离开秦国，沿着骊山北面的小路向东走去。李醯听说后，派杀手扮成猎户，在半路上杀了扁鹊。

现在的扁鹊墓，就是扁鹊当年遇害的地方。

扁鹊以其精湛的医术、高尚的医德深受百姓爱戴，因而受到历代祭祀。

扁鹊庙已被定为陕西省重点文物保护单位。

（二）蔺相如墓

蔺相如墓在西安市临潼区东，坐落在戏河之西，临马道北，占地 6600 平方米，高 15 米，呈方形隆顶。

清代著名考古学家——陕西巡抚毕沅特地为蔺相如墓树碑，大书"赵大夫蔺相如之墓"八个大字于其上。

1952 年，戏河当地人在戏河桥下捞出这块石碑，保存在戏河小学校内。

蔺相如（公元前 329—公元前 259 年），战国时赵国大臣，官至上卿。

蔺相如是战国时期的杰出政治家，被赵王依为股肱之臣。他一生最重要的事迹有"完璧归赵""渑池会逼秦王击缶"与"将相和"，称得上是中国历史上不可多得的大智大勇式的人物。

周赧王三十二年（公元前 283 年），赵王得到了楚国的和氏璧。这块璧是无价之宝，价值连城。秦王听说后，想要得到这块玉，便派使者对赵王说："寡君愿意用十五座城池换和氏璧，请

大王恩准。"赵王听了，心想："不给吧，秦国太强，惹不起；给吧，又怕受骗上当，璧献出去了，城池却得不到。"想来想去，不知如何是好。最后，赵王只得去问足智多谋的蔺相如："爱卿，你看这事怎么办好？"蔺相如回答说："秦国用十五座城池换一块玉，如果咱们不答应，就是咱们的不是了；如果咱们把和氏璧送给秦国后，秦国不给我

 中国古都

们十五座城池，那就是秦国的不是了。臣认为不如把璧送给秦国，让秦国担不是。臣愿意带和氏璧去秦国，如果秦王不给我们城池，我一定把璧再带回来。"赵王听了，便派蔺相如带着和氏璧到秦国去了。

　　蔺相如到了秦国，秦王接过和氏璧，玩赏不已，不想割给赵国十五座城池。蔺相如急中生智，让随从人员带着璧从小路回到赵国，自己则留在秦国。秦王见蔺相如为人精明强干，没有杀他，放他回了赵国。赵王嘉奖蔺相如，任命他为上大夫。

　　周赧王三十六年（公元前279年），秦王派使者对赵王说："寡君愿与大王在渑池相会，促进两国友谊。"赵王不想前去，蔺相如和将军廉颇商量说："大王如果不去，显得我们赵国太软弱了。"赵王听了，决定前去赴会，由蔺相如陪伴。廉颇送赵王一行到边境，对赵王说："大王此去，往返不会超过三十天。如果三十天不见大王回来，请允许我立太子为王，免得秦王耍花招。"赵王同意了。在渑池会上，秦王与赵王饮酒。喝到酒酣耳热时，秦王请赵王弹瑟，赵王弹了。秦王让史官记下"赵王为秦王鼓瑟"，借以羞辱赵王。蔺相如见了，灵机一动，站起来请秦王击缶，秦王不肯击。蔺相如说："大王如果不击，五步之内，我可要用颈血溅大王了。"秦王左右的人听了这话，都想上前杀了蔺相如。蔺相如怒目大喝一声，把他们都吓退了。秦王心中恐惧，只得勉强击了一下缶。蔺相如也让赵国的史官记下"秦王为赵王击缶"。直到散会，秦王始终不能羞辱赵王。赵国戒备森严，秦王因而不敢动武。赵王归国后，嘉奖蔺相如，任命他为上卿，位在廉颇之上。

　　廉颇不满，说："我为大将，不是攻城，就是野战，战功累累。蔺相如出身贫贱，靠着嘴皮子竟爬到了我的上边，我感到羞耻，没脸在他下边为官。"他

十三朝古都西安

扬言说："我见到蔺相如时，一定要羞辱他一番。"蔺相如听说后，再也不肯和他见面。每次上朝时，蔺相如总是称病不出。出门遇见廉颇时，蔺相如总是命令车子躲开。为此，蔺相如的门人都深以为耻。蔺相如问他们说："你们看，廉颇有秦王厉害吗？"门人回答说："当然没有。"蔺相如说："秦王那样威武，我尚且敢呵斥他，还羞辱了他的大臣，我怎会怕廉将军呢？但秦国之所以不敢攻打赵国，是因为有我和廉将军在啊。两虎相斗，必有一伤。我之所以一再忍让，是先国家而后私仇，不想和他斗罢了。"不久，这些话传到了廉颇的耳朵里。他见蔺相如能以大局为重，自己感到很羞愧，忙光着上身，背着荆条，到蔺相如门前请罪，意思是说我错了，你用荆条责打我吧。蔺相如忙将他请到屋里，两人结为刎颈之交。人称此事为"将相和"。

廉颇死后，秦王出兵攻打赵国，赵王派太子郚到秦国去做人质，让蔺相如陪侍太子。

为了国家安危，蔺相如欣然前往，而太子却犹豫不决。蔺相如对太子说："骊山乃天下绝胜之处。民谚说：'要吃粮，有个面张岭；要吃油，有个沈河川；要用钱，还有大、小二金山；还有一个上天梯，上到天上还嫌低。'太子，随老臣去吧。"太子一听这话，也欣然前往了。面张岭、沈河川和大小金山都是临潼的地名。

到秦国后，蔺相如偕太子游骊山时，不料太子竟患急症而死。

蔺相如因此获罪，被处极刑，葬于骊山戏河之滨。

赵太子郚也葬于骊山阴坡，名"赵太子墓"，当地人称之为"龙骨堆"，至今犹在。

蔺相如家族受到株连，为了避难，族人将"蔺"字去头挖心，改姓"门"，祖祖辈辈居住在蔺相如墓的西北处，人称门家村。

至今，门家村人仍尊蔺相如为祖先，每年都到蔺相如墓上扫墓祭奠。

（三）董仲舒墓

董仲舒墓坐落在西安南城墙东段内侧，即和平门内西侧紧贴城墙的小巷"下马陵街"中。

下马陵街东至和平门，西通碑林博物馆，这条街偏东北侧就是董仲舒墓所在地。

董仲舒墓也叫下马陵，因为当年汉武帝每次路过董仲舒墓前都要下马以示敬意。下马陵街则因下马陵而得名。

那里有个铁栏环绕、绿树茂密、占地 4.5 亩的方形花园。从南侧穿过古朴的青砖门楼，再走过一段甬道，便到了董子祠大门前。

董子祠门楣悬有"繁露艺苑"四个篆字横匾，祠后紧连着董仲舒墓。

董仲舒墓封土高约 2.5 米，直径约有 6 米，由砖砌方形花墙环绕。

墓碑有玻璃夹护，正面大字为"汉董仲舒先生墓"，小字为"大明嘉靖廿七年岁在戊申"，碑的背面隐约可见"后学太乙张光宇书"八个字。

董仲舒墓后数米处是一座六角凉亭，亭东西两侧各有一棵柏树。整座陵园中静静的，虽居闹市之中却显很清幽。

当年，隋文帝建大兴城和唐高祖建长安城时，都把"下马陵"留在京城内。

建国后，陕西省人民政府于 1956 年 8 月 6 日将董仲舒祠墓公布为陕西省第一批重点文物保护单位。

1987 年，陕西省拨款修葺董仲舒祠墓。

1989 年，陕西省为董仲舒陵园增建了门楼。

董仲舒（公元前 179—公元前 104 年）是汉代思想家、哲学家、政治家、教育家。

汉景帝时，董仲舒入朝担任博士，讲授《公羊春秋》。

汉武帝元光元年（公元前 134 年），董仲舒在著名的《举贤良对策》中提出其哲学体系的基本要点，并建议"罢黜百家，独尊儒术"，为汉武帝所采纳，开此后两千余年封建社会以儒学为正统的先声。

后来，董仲舒不满官场倾轧之风，辞官居家。

晚年，董仲舒迁居茂陵（今陕西兴平），讲学著书。

朝廷每有大事，便令使者及廷尉到他家中求教。董仲舒仍

受武帝尊重。

董仲舒著有《春秋繁露》和《董子文集》。

董仲舒将周代以来的宗教天道观和阴阳五行学说结合起来，吸收法家、道家、阴阳家思想，建立了一个新的思想体系，成为汉代的官方统治哲学，对当时社会所提出的一系列哲学、政治、社会、历史问题都给了较为系统的回答。

董仲舒认为"道之大原出于天"，自然和人事都受制于天命，因此反映天命的政治秩序和政治思想都应该是统一的。他把儒家的伦理思想概括为"三纲五常"。

董仲舒提出了大一统学说，为国家和民族的统一作出了巨大贡献。

（四）蔡文姬墓

蔡文姬墓位于西安市蓝田县三里镇乡蔡王庄村西北。

1991年，这里建立了蔡文姬纪念馆，馆内陈列着蔡文姬所著琴曲歌辞《胡笳十八拍》和《悲愤诗》。

蔡文姬是东汉大儒蔡邕的女儿，博学多才，音乐天赋过人。

6岁时，有一天听父亲在大厅中弹琴，蔡文姬隔着墙壁就听出了父亲把第一根弦弹断的声音。蔡邕大惊，又故意将第四根弦弄断，居然又被她听出来了。于是，蔡邕悉心教她琴曲。不久，她便精通古曲，琴艺超人，远近闻名。

16岁时，蔡文姬嫁给大学子卫仲道，夫妻十分恩爱。可惜不到一年，卫仲道竟因咯血而死，蔡文姬还不曾生下一儿半女。

卫家认为蔡文姬克死了丈夫，蔡文姬一怒之下，不顾父亲的反对，毅然回到娘家。

东汉末年，战乱频繁。后来，蔡邕因董卓当权时未辞官，被大司徒王允所杀，蔡文姬不幸被匈奴掠去。这年，她23岁，被左贤王纳为王妃。

蔡文姬在匈奴生活 12 年，生了两个孩子。

蔡邕生前和曹操是极要好的朋友，曹操得知蔡文姬流落南匈奴后，立即派使者携带黄金一千两，白璧一双，把她赎了回来。

这年，蔡文姬已经 35 岁了。在曹操的安排下，蔡文姬嫁给了屯田校尉董祀。

蔡文姬嫁给董祀后，夫妻生活并不是十分和谐。这时，蔡文姬饱经离乱，精神恍惚。董祀正值春秋鼎盛，一表人才，通晓经史，熟谙音律，自视极高，对于蔡文姬自然意有未足，但迫于丞相授意，只好委曲求全。

在婚后第二年，董祀犯了罪，按律当死。蔡文姬闻讯后，立即蓬首跣足来到丞相府为之求情。曹操念及昔日与蔡邕的交情，又想到蔡文姬身世悲惨，倘若处死董祀，蔡文姬势难活下去，于是宽恕了董祀。

董祀感激蔡文姬救命之恩，便同她溯洛水而上，隐居在风景秀丽的山林里。后来，曹操狩猎经过那里，曾特意去探视他们。

当初，蔡文姬为董祀求情时，曹操见她在寒冬蓬首跣足，心中大为不忍，命人拿出头巾和鞋袜给她，让她在董祀未归之前暂时住在相府里。

在一次闲谈中，曹操表示很羡慕蔡文姬家中有那么多藏书。蔡文姬说："原来家中藏书有四千多卷，不幸几经战乱，已全部遗失了。"曹操听了，大为失望，蔡文姬忙说："丞相不要伤心，我还能背出四百篇呢。"曹操一听此言，大喜过望。于是，蔡文姬凭记忆默写出四百篇文章，一字不误。曹操看了，惊讶不已，深赞蔡文姬之才。

蔡文姬在匈奴时日夜思念故土，回中原后又日夜思念留在匈奴的两个孩子。于是，她参考胡人声调，结合自己的悲惨经历，创作了沉痛哀怨、令人断肠的长赋《胡笳十八拍》。

嫁给董祀后，她感伤乱离，又作了中国诗歌史上第一首自传体的五言长篇叙事诗——《悲愤诗》。

上述两篇作品文情俱佳，在中国文学史上占有很重要的地位。

现在，蔡文姬墓已被定为陕西省重点文物保护单位。

十三朝古都西安

四、名胜古迹

（一）古城墙

西安古城墙全长 13.912 公里，高 12 米，底宽 18 米，顶宽 15 米。其中南城墙长 4256 米，西城墙长 2706 米，东城墙长 2886 米，北城墙长 4262 米。

古城墙包括护城河、吊桥、谯楼、箭楼、正楼、角楼、敌楼、女儿墙、垛口等一系列设施，构成了一座严密完整的城堡。

隋文帝开皇二年（582 年），隋文帝下令修建宫城和皇城，接着营筑外城。

唐朝建立后，仍以隋朝的大兴城为首都，改大兴城为长安城，先后修建了唐城外部城墙和东、西、南三面的九座城门及城楼。

唐城是当时世界上最大的都城，成为世界文明的中心。

唐末黄巢起义时，朱温叛变降唐，迫使唐昭宗迁都洛阳。迁都时，朱温拆毁了长安宫室，拆下的木料由渭河和黄河顺水而下，运到洛阳，遂使唐城沦为废墟。

不久，唐朝驻守长安的节度使韩建筹资修建长安城，以皇城墙为新的长安城墙。

明朝建立后，明太祖朱元璋封其次子朱樉为秦王，镇守长安，改长安为"西安"。

明太祖洪武三年（1370 年），宋国公冯胜主持修复西安城。他在隋唐皇城墙的基础上加高加厚，并分别向东、向北延长四分之一，东城墙和北城墙则拆除另建。

明穆宗隆庆二年（1568 年），陕西都指挥使张祉为原来的明城墙内外包砌了青砖。

清高宗乾隆四十六年（1781 年），陕西巡抚毕沅整修西安城楼，增砌包砖，并完善了排水系统。

至此，西安古城墙才有了今日的规模。

西安古城墙是用黄土分层夯筑的。最底层用石灰、土与糯米汁混合夯打，坚硬如铁。

西安古城墙是为防御外来侵袭而修造的自卫设施，因此防御性很强。

城外护城河为第一道防线，河上设有吊桥，是进出西安的唯一通道。吊桥白天降下，连起护城河两岸，供人出入。晚上吊桥升到空中，断绝了进出西安城的道路。

城门外设有谯楼，用以打更和报警，这是第二道防线。

谯楼后面是箭楼，高 30 余米，外面墙体笔直，箭孔密布，便于瞭望和射击，这是第三道防线。

箭楼和正楼之间是瓮城，面积 9348 平方米，若敌人攻进此处，即可瓮中捉鳖，这是第四道防线。

第五道防线是正城门，设防严密。城墙四角修有角楼，辅助城门，观察和防御四面来犯之敌。

城墙外侧每隔 120 米筑有一座马面，也叫墩楼。马面宽 20 米，从城墙向外伸出 12 米，高低、结构和城墙相同。每个马面上建有可供军队驻守的敌楼 3 间。

西安城共有马面 98 座，垛口 5984 个，使城墙外侧呈锯齿形。

城墙和马面上筑有女儿墙，墙上有既能藏身又能瞭望和射击的凹口和方孔。

西安城墙对研究封建社会的城市建设、历史、军事和建筑艺术都有着很高的文物价值。

1983 年以来，经过大规模整修的西安城墙已经恢复了宏伟、壮观的风貌，建成了全国仅有的"环城公园"。

环城公园使古老的城墙又焕发了青春，为了解古代战争提供了珍贵的人文景观。环城公园风格古朴粗犷，具有浓郁的地方特色。

(二) 钟鼓楼

钟鼓楼位于西安市中心，钟鼓两楼东西对峙。

钟楼初建于明太祖洪武十七年（1384 年），原

址在西大街广济街口，明神宗万历十年（1582年）重修时移建于今址。

钟楼共有3层，楼基面积达1377.64平方米，有门洞通向四街。基座为正方形，高8.6米，宽约35.5米，用青砖砌筑。

钟楼由地面至楼顶高36米，内有楼梯，可盘旋而上，登楼远眺。

钟楼原来悬挂的巨钟是唐代铸造的"景云钟"，迁到今址后再也敲不响了，只好另换一口明代铁钟，重5吨，钟边铸有八卦图案。

钟楼的门扇槅窗上雕有好多典故逸闻：第一层东门自北向南依次为"长生殿盟誓""连环计""黠鼠夜扰""挂角读书""卞庄刺虎""嫦娥奔月""东坡题壁""李白邀月"；第一层西门自南向北依次为"枕戈待旦""李陵兵困""由基射猿""龙友颂鸡""黄耳传书""孙期放豚""陶侃运砖"；第一层南门自东向西依次为"文王访贤""伯牙鼓琴""画龙点睛""斩蛇起兵""伯乐相马""柳毅传书""舜耕历山""把桥授书"；第一层北门自西向东依次为"虬髯客""木兰从军""文姬归汉""吹箫引凤""红叶题诗""班昭读书""博浪沙椎秦""唱筹量沙"；第二层东门自北向南依次为"单刀赴会""击鼓金山""岳母刺字""孟母择邻""子路负米""画荻教子""温峤绝裾""闻鸡起舞"；第二层西门自南向北依次是"写经换鹅""茂叔爱莲""灞桥折柳""踏雪寻梅""陶潜爱菊""寻隐不遇""孤山放鹤"；第二层南门自东向西是八幅"八仙过海，各显神通"的画面，依次为钟离权、张果老、吕洞宾、曹国舅、铁拐李、蓝采和、韩湘子和何仙姑；第二层北门自西向东是八幅"八仙醉酒"画面，依次仍为钟离权、张果老、吕洞宾、曹国舅、铁拐李、蓝采和、韩湘子和何仙姑。

钟楼体现了我国古代人民的高超智慧，楼上琉璃瓦的板瓦之间扣以筒瓦，

以铜质瓦钉固定，使建筑稳固结实。外部的重檐三滴水歇山顶式不仅形制美观，而且缓和了雨水顺檐下落时对建筑的冲击。描梁端部的斗拱巧妙地运用了力学原理，形成均匀负荷。四角攒尖的楼顶按对角线构筑四条垂脊，从檐角到楼顶渐收，使金顶显得稳重庄严。

鼓楼与钟楼隔广场东西相望，鼓楼建于明太祖洪武十三年（1380年），比钟楼早建四年，迄今已有六百多年的历史了。鼓楼与钟楼为姐妹楼，古有"暮鼓晨钟"之说。

鼓楼为重檐三滴水与歇山顶的木结构，高大雄伟。楼上原有巨鼓一面，傍晚击鼓报时，故名鼓楼。当年楼檐下悬挂巨匾，南为"文武盛地"，北为"声闻于天"。

鼓楼高7.7米，基座东西长52.6米，南北宽38米，占地1998.8平方米，大于钟楼的台基。台基下辟有南北向券洞式门，与西大街和北院门街一线贯通。

鼓楼主体建筑立于基座的中心，为梁架式木质楼阁建筑，面阔七间，进深三间，四周设有回廊。

鼓楼分上下两层。第一层楼身上置腰檐和平座，第二层楼为重檐歇山顶，上覆灰瓦。楼的外檐和平座都装饰青绿彩绘斗拱，使楼的整体显得层次分明，花团锦簇。由登台的踏步可上至台基的平面，一层楼的西侧有木梯，可登至二层凭栏眺望终南山。

鼓楼悬挂了六百多年的巨匾后来不幸被毁。两匾均长8米，宽3.6米，为蓝底金字木匾。2004年后，西安古建人员和书法家通力合作，模仿原匾照片上的文字重新制作了两块匾，挂上了鼓楼。

钟鼓楼现为全国重点文物保护单位。

（三）大雁塔

大雁塔坐落于慈恩寺内。

慈恩寺建于唐贞观二十二年（648年），是太子李治为纪念亡母文德皇后而修建的。建成后，请赴印度取经回国的高僧玄奘主持寺务。

唐高宗永徽三年（652年），玄奘在寺内西院建塔，用以存放从印度带回来的佛经。

据《慈恩寺三藏法师传》记载：摩揭陀国有一古寺，一日有一只大雁摔死在寺中地上。原来，这只大雁是菩萨的化身，菩萨是为了救人才化作大雁，却不幸摔死了。为了纪念普度众生的菩萨，玄奘给寺中新建的佛塔取名大雁塔。

唐代学子考中进士后都要到大雁塔下题名，称为"雁塔题名"，被视为一生中最荣耀的事。这一习俗一直延续到明清。

大雁塔为方塔，砖表土心，五层，后改造为七层方形楼阁式，唐代宗大历年间（766—779年）又改为十层。到明代时，又用砖砌塔为面。

现在的大雁塔高64米，为仿木结构。底层门楣有精美的线刻佛像；西门楣为阿弥陀佛说法图，图中刻有富丽堂皇的殿堂。

塔底层南门内的砖龛里，嵌有两通石碑，一为《大唐三藏圣教序》，一为《大唐三藏圣教序记》，由唐代大书法家褚遂良所书。

大雁塔在唐代就是著名的游览胜地，今天的大雁塔已成为古城西安的标志性建筑。

1961年，国务院将大雁塔定为第一批全国重点文物保护单位。

（四）小雁塔

小雁塔位于西安市南门外荐福寺内，始建于唐中宗景龙元年（707年），为密檐式砖塔，是为了存放唐代高僧义净从天竺带回来的佛经而建的。

小雁塔与位于西安南郊大慈恩寺内的大雁塔是唐代长安城保留至今的两处标志性建筑。小雁塔与大雁塔相距六里，因规模较小，故称小雁塔。

明宪宗成化二十三年（1487年），西安地区发生地震，小雁塔塔身被震裂。

小雁塔原有 15 层，明世宗嘉靖三十四年（1555 年）地震时，塔顶 2 层被震毁，现存 13 层。

清朝时，荐福寺曾多次修缮，其中以清圣祖康熙三十一年（1692 年）的整修规模最大。晚清时期，增建了藏经楼和南山门等。

1958 年开始，国家对荐福寺和小雁塔曾多次修复，本着修旧如旧的原则，基本保持了古建筑的原貌。

1961 年，国务院将小雁塔定为第一批全国重点文物保护单位。

（五）碑林

西安碑林位于南城墙魁星楼下，因石碑众多如林而立，故称碑林。

碑林始建于北宋哲宗元祐二年（1087 年），是为保存唐开元年间（713—741 年）镌刻的《十三经》《石台孝经》而建的。这是收藏我国古代碑石时间最早、名碑最多的艺术宝库。

后来，历代不断收集，规模逐渐扩大，到清朝时始称"碑林"。

1992 年，国家将碑林正式定名为西安碑林博物馆，在西安孔庙旧址上扩建而成，是一座以收藏、研究和陈列历代碑石、墓志及石刻造像为主的艺术博物馆。

博物馆区占地面积三万多平方米，由孔庙、碑林、石刻艺术室三部分组成，设七个陈列室、六条游廊和一个碑亭。

馆内藏有铸造于唐睿宗景云年间（710—711 年）、号称"天下第一名钟"的景云钟，钟上刻有各种纹饰图案，雕工精湛，形象生动，上有唐睿宗亲笔书写的铭文。

景云钟声音洪亮，我国每年除夕由中央人民广播电台播放的新年钟声就是用景云钟录制的。

第一陈列室前是专为陈列《石台孝经》修盖的碑亭。《石台孝经》是碑林中最大的石碑，是唐玄宗亲自书写的。石碑前面是唐玄宗为孝经作的序，后面是孝经原文，小字是唐玄宗为孝经作的注释。

此碑由四块石头组成，底下有石台，故称"石台孝经"。

陈列室里主要陈列《开成石经》，内容包括《周易》《尚书》《诗经》《周礼》《仪礼》《礼记》《春秋左氏传》《春秋公羊传》《春秋谷梁传》《论语》《孝经》《尔雅》等12部经书，共计六万多字，用石114方，两面刻文。清代补刻的《孟子》17面三万余字也陈列于此，因而合称《十三经》。

经书是封建社会知识分子的必读书，因为当时印刷术不很发达，为了避免传抄经书时出现错误，就把这些经书刻在石碑上作为范本，立于国子监内供人校对。

我国自东汉开始，曾先后七次刻经。《开成石经》是目前仅存的一套完整的石刻经书。

碑林不仅是中国古代文化典籍的集中点，也是历代书法大师书法艺术的荟萃之地。碑林集中了许多我国古代杰出书法家的传世名作，如东汉的《曹全碑》、欧阳询的《皇甫诞碑》、褚遂良的《同州圣教序碑》、颜真卿的《多宝塔碑》、柳公权的《大达法师玄秘塔碑》等。

碑林最著名的书法碑是由唐弘福寺和尚怀仁集王羲之墨迹中的字组成的《大唐三藏圣教序碑》和怀素的《草书千字文》。

西安碑林已有九百多年的历史，现有馆藏文物一万一千多件。

碑林博物馆拥有如此浩瀚的藏品，所以被誉为"东方文化的宝库""书法艺术的渊薮"，已被列为国家4A级旅游景点。

五、庙宇寺观

佛教于东汉明帝永平十年（67年）传入西安，至今已有一千九百多年的历史了。西安现有佛寺一百多座，僧尼合计七百多人，信教群众达八万多人。

在中国和东南亚影响深远的佛教八大宗中，有六个宗的祖庭在西安市。其中三论宗祖庭是草堂寺，密宗祖庭是大兴善寺，华严宗祖庭是华严寺，法相宗祖庭是大慈恩寺，律宗祖庭是净业寺，净土宗祖庭是香积寺。

道教是我国土生土长的宗教，产生于东汉顺帝时期（126—144年），距今已有一千八百多年的历史了。

西安市现有道教宫观27所，道教职业人员二百多人，信教群众达五万多人。影响较大的宫观有周至县的楼观台、西安的八仙宫、户县的重阳宫。

伊斯兰教于唐高宗永徽二年（651年）传入西安，至今已有一千三百多年的历史了。

西安市现有清真寺21所，其中影响较大的寺院有化觉巷清真寺、大学巷清真寺。

（一）草堂寺

草堂寺位于西安市户县圭峰山北麓，东临沣水，南对终南山，景色秀丽，是国务院确立的汉族地区佛教全国重点寺院。

该寺建于距今一千五百多年的东晋末年，不仅是著名古刹，也是三论宗的祖庭。

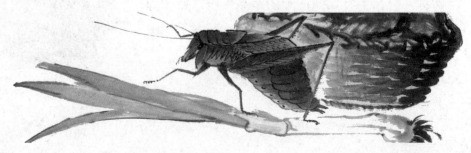

龟兹高僧——大翻译家鸠摩罗什
（343—413 年）被后秦国王姚兴迎至长安
后，即住此寺译经。因其以草苫寺顶，故
名草堂寺。

草堂寺现有大殿三间及鸠摩罗什舍利
塔等。

鸠摩罗什既通梵语，又懂汉文，佛学
造诣极深，所译经律论传 94 部，共 425
卷，是中国佛教史上四大译师之一。

鸠摩罗什首次将印度大乘佛教的般若类经典全部译出，对中国佛学发展起
了重要的作用。隋唐高僧吉藏以鸠摩罗什译出的《中论》《百论》《十二门》
三部佛经为依据创立了三论宗，尊鸠摩罗什为始祖，草堂寺因而成为三论宗的
祖庭。

草堂寺现存最大殿堂是逍遥三藏殿，殿内正中供奉明代施金泥塑的如来佛
像。佛像前安放着日本日莲宗奉送的鸠摩罗什坐像，高 1.2 米，用一整块楠木
刻成，慧眼一双，笑容满面，栩栩如生。

大殿西侧门外有一座用红砖花墙围成的六角形护塔亭，亭内矗立着草堂寺
最珍贵的文物——"姚秦三藏法师鸠摩罗什舍利塔"。

鸠摩罗什父亲是印度人，母亲是龟兹人，7 岁随母亲出家，佛典过目不忘，
人称"神童"。因他通晓经藏、律藏、论藏，所以被尊为"三藏法师"。

鸠摩罗什圆寂后火化时，舌头不毁，其弟子特建舍利塔以藏之。此塔通高
约 2.44 米，塔身八面十二层，用纯玉石镶拼而成。每层玉色不同，有玉白、砖
青、墨黑、乳黄、淡红、浅蓝、赭紫及灰色等，故称"八宝玉石塔"。

草堂寺有僧人十多名，农禅并重。他们在念经之余种了 28 亩地，植了竹
林，培育了花圃，既美化了寺院环境，又实现了自养。四海信徒来访时，都对
他们致以深深的敬意。

（二）大兴善寺

大兴善寺位于西安城南小寨兴善寺西街，始建于晋武帝司马炎太始至太康

年间（265—289 年），距今已有一千七百余年的历史了。

隋唐时长安佛教盛行，由印度来长安传教及留学的僧侣曾在此寺翻译佛经，大兴善寺因此成为当时长安的三大译场之一。

唐玄宗开元四年至八年（716—720 年），号称"开元三大士"的印度僧人善无畏、金刚智和不空到大兴善寺传授佛教密宗，大兴善寺因而成为中国佛教密宗的发源地。

不空和尚曾在印度广求密宗经典，成为集各家之长的一代宗师。

不空在大兴善寺主持译务，翻译佛经五百余部。他还在京师一带广泛收集各寺收藏的梵文佛经，集中收藏并加以研究，对整理佛经和弘扬佛法作出了不可磨灭的贡献。

不空曾为大唐皇帝举行灌顶仪式，被封为开府仪同三司、肃国公，人称三代国师。

不空死后，谥号为"大辩证广智不空藏和尚"。皇帝赐钱万贯，还在寺内修建了不空舍利塔。不空和尚碑至今仍保存在碑林中。

寺院建筑沿正南正北方向呈一字形排列在中轴线上，依次是天王殿，内供弥勒菩萨；大雄宝殿，内供释迦牟尼佛、阿弥陀佛、药师佛、十八罗汉以及地藏菩萨；观音殿，内供明雕檀香千手千眼菩萨一尊。

最后是东西禅堂：西禅堂壁间的大镜框内装有"开元三大士传略"，是研究大兴善寺的宝贵资料；后殿为大兴善寺的法堂，藏有唐代铜佛像和宋代造像，形态各异，栩栩如生。

大兴善寺是一座具有中外影响的古刹，1983 年被国务院列为全国重点开放寺院之一。

穿过大雄宝殿，汉白玉台上站立着慈祥、庄严的平安地藏菩萨青铜塑像，是日本国真言宗空海大师同志会为体现日本真言宗信徒缅怀祖庭，增进中日友

好而赠送的。

（三）华严寺

华严寺是中国佛教华严宗的祖庭，位于西安市南少陵原，居高临下，俯瞰樊川。

华严寺由初建到以后数百年间，并无高大殿堂建筑，只是凿原为窟，安置佛像并供僧众居住。华严寺是黄土高原上一座典型的窟洞寺院。

这里曾有华严宗初祖杜顺塔、二祖智俨塔、三祖贤首塔、四祖澄观塔。

清高宗乾隆年间（1736—1795 年），少陵原崩塌，仅存杜顺塔和澄观塔两座砖塔，其余两座全毁了。

杜顺的灵骨塔高约二十一米，呈方形角锥体，共七层，为仿木结构楼阁式砖塔。

杜顺 18 岁出家，一生有不少为人治病、除害行善的事迹，深受世人崇敬。唐太宗慕其盛名，引入内宫隆礼相待，后妃、王族奉为生佛。

杜顺钻研华严经，著《华严法界观门》《华严五教止观》，为华严宗初祖。

杜顺圆寂后，一月后肉色不变，一直有异香飘出，弟子筑塔藏之。

四祖澄观灵骨塔高约十七米，呈六角形，为七层六面砖塔。塔上嵌有"大唐清凉国师妙觉之塔"刻石。

澄观灵骨塔西临原畔，雨水长年冲刷，有倾覆之虞。长安县于 1986 年将其拆迁，由原址向东南移动十米复原重建。拆迁时在各层塔心发现镏金铜佛像、千佛碑和佛经等。在塔基下还发现两层砖塔，约六米高，为元代残塔。塔心内室藏有石函，石函内是盛舍利的白玉瓶。

澄观俗姓夏侯，11 岁出家，遍寻名山，访求秘藏，学习诸宗。

澄观认为华严经的旧疏文繁义约，便下决心要撰写华严新疏。历时四年，功夫不负苦心人，他终于撰写出《大方广佛华严经疏》二十卷，后又作《大方广佛华严经随疏演义钞》数十卷。这两部书合刊为《华严经疏钞》，是《华严经》注疏中最重要的著作，澄观因而获得"华严疏主"的美称。

澄观德高道深，多次奉敕入宫讲经，深得皇帝尊崇，被委任为天下大僧，主持全国佛教。

澄观 103 岁圆寂，历唐玄宗至唐文宗九朝。

澄观的"禅教一致、诸宗融通"的思想对中国佛教有很大的影响。

如今，整修后的华严寺为少陵原增添了不少光彩，吸引了大批游人前来参观。

（四）大慈恩寺

大慈恩寺位于西安市南郊，始建于隋文帝开皇九年（589 年），初名无漏寺。

唐太宗贞观二十二年（648 年），太子李治为纪念亡母文德皇后，报答慈母的养育之恩而在无漏寺的基础上加以扩建，更名大慈恩寺。

大慈恩寺是唐朝长安城内最著名、最壮丽的佛寺，寺内香火缭绕，鲜花吐艳。

大慈恩寺规模宏大，面积近四百亩，有十多个院落，各式房舍 1897 间，有翻经院、太真院、元果院、西塔院、南池、东楼、碑屋、戏场等。

有许多能工巧匠为此寺塑造精美佛像，著名画家吴道子、阎立本挥毫作画，装点殿堂，反映了唐朝的文化风貌。

唐太宗贞观十九年（645 年），西天取经满载而归的玄奘法师回到长安，奉旨担任大慈恩寺上座，主持翻译佛经，并宣讲唯识宗等佛教教义，使大慈恩寺成为唯识宗的祖庭，唯识宗又称法相宗。

玄奘法师在十九年的时间里译出大量佛经，文义联贯，准确流畅，开辟了中国译经史上的新纪元。

寺内的大雁塔是玄奘法师亲自督造的。唐高宗永徽三年（652 年），为了完好地保存从印度带回来的佛经，唐高宗敕令在慈恩寺修建大雁塔。

唐中叶以后，掀起了一股牡丹花热，大慈恩寺牡丹花以"早、新、奇、多"四大特点闻名于世。

寺僧勤于耕耘，培育出的紫牡丹、白牡丹、浑红牡丹、姚黄牡丹、魏紫牡丹都是花中珍品。每逢春季，这

中国古都

里车水马龙，人们争相观赏寺中牡丹。

唐朝时，日本僧人道昭、智通、智达等先后到大慈恩寺留学，向玄奘法师学习唯识宗。回国后，使唯识宗在日本得到弘扬。日本唯识宗有四个宗派，拥有信徒十二万多人。

1949 年后，国家多次对大慈恩寺进行整修。

1983 年，国务院批准大慈恩寺为佛教活动场所。

（五）净业寺

净业寺位于陕西省长安县终南山北麓凤凰山上，是国务院确定的汉族地区佛教全国重点寺院之一。

凤凰山山形如凤，林壑幽深。净业寺地处山腰，坐北朝南，是净心清修的上好道场。

净业寺始建于隋朝末年。唐朝初年，高僧道宣在此修行弘律，因而成为佛教律宗的发祥地。

道宣（596—667 年），俗姓钱，自幼聪慧，9 岁即能吟诗作赋。15 岁出家后，钻研律学，曾在大禅定寺听智首律师讲《四分律》四十遍，历时十年。而后四方参学，最后定居净业寺。此后四十余年，道宣除两次出山参加玄奘法师在长安弘福寺、西明寺组织的译场外，其余时间均在净业寺潜心研究律学，以大乘教诠释《四分律》，所著《关中创立戒坛图经》成为后世戒坛之规范，在中国佛教史上占有极其重要的地位。玄奘法师、名医孙思邈与他都有深交。

唐高宗乾封二年（667 年）十月三日，道宣圆寂，葬于坛谷石室。唐高宗令天下寺院供奉道宣律师画像，并令名匠韩伯通为其塑像。唐穆宗曾书写赞语道："代有完人，为如来使。龙鬼归降，天神奉侍。声飞五天，辞惊万里。金乌西沉，佛日东举。稽首皈依，肇律宗主。"

道宣门下有弟子千人，著名的有大慈、文纲和文纲的弟子道岸、道宗等，后由道宗的再传弟子鉴真和尚将律学传到日本，成为日本律宗祖师。

落实宗教政策后，政府曾拨款维修净业寺。

少林寺僧人永空住持道场后，四方筹资，重修山路、天王殿、大雄宝殿、祖师殿、禅堂、客堂、僧寮，增建五观堂等，使这座千年古刹面貌为之一新。

（六）香积寺

香积寺坐落在西安市长安区郭杜乡香积寺村，是国务院确定的汉族地区佛教全国重点寺院之一，也是中国净土宗祖庭。

唐高宗永隆二年（681 年），净土宗创始人之一善导大师圆寂，弟子怀恽为纪念其功德，特地修建了香积寺和善导大师供养塔。从此，香积寺成为中国佛教净土宗正式创立后的第一个道场。

香积寺内的供养塔是一座唐代建造的善导塔，青砖砌成，壁厚 2 米，平面正方形，为仿木结构。因年久残毁，现存 11 级，高 33 米。

塔身周围有 12 尊半裸古佛，雕刻精巧，被世人奉为珍品。

塔基四面有门，南门楣额上嵌有砖刻的"涅槃盛事"横额。塔身四面刻有楷书《金刚经》，字迹秀雅，笔力遒劲，引人注目。

唐朝时，武则天和唐高宗都曾来此礼佛，并赐珍宝给香积寺。善导在长安拥有众多信徒，这里又供奉着皇帝赐给的法器、舍利子，因此前来拜佛的人络绎不绝，香火盛极一时。

唐朝"安史之乱"和唐武宗灭佛时，香积寺遭到严重破坏。

宋朝时，净土宗流行，香积寺又得到修复。明朝时，又进行了大规模的修复。

寺内保存有许多金石文物，仅历代雕刻就有 119 件。

建国后，香积寺得到大规模整修。

净土宗于东晋时由天竺传到中国，开祖于庐山高僧慧远。

慧远和十八位贤士共结莲社，又称白莲社，同修净土，故净土宗也称"莲宗"或"白莲宗"。

净土宗继续盛行于北魏，至唐朝善导大师集其大成，蔚然成宗，因此佛界认为净土宗的实际创宗者是善导，尊他为二祖。

净土宗提倡专念阿弥陀佛即可往生西方净土。"阿弥陀佛"是梵语，意为无量光明，无量寿命，无量智德，无量智慧等。

唐代，净土宗得到长足的发展。中唐以后，净土宗广泛流行到社会各阶层。

1980年，在善导大师圆寂纪念日那天，日本净土宗派遣两千余名高僧赴香积寺举行法会，向香积寺赠送善导大师像等礼物，成为中日宗教文化友好交流的盛事。

（七）八仙宫

八仙宫位于西安市东关长乐坊，为唐代兴庆宫遗址。

清德宗光绪二十六年（1900年）庚子之乱时，慈禧太后携光绪皇帝逃至西安。在西安期间，慈禧经常到八仙庵，借烧香拜神排遣心中的郁闷。

当年，庵中西花园的一丛绿牡丹令慈禧赏心悦目，她特地画了一幅牡丹中堂赐给八仙庵。八仙庵方丈李宗阳极受慈禧恩宠，被封为玉冠紫袍真人，并赏银千两，用以增建庙宇。

慈禧回銮后，敕封八仙庵为八仙宫，从此八仙庵升格为八仙宫。

新中国成立后，人民政府于1958年曾拨专款对八仙宫进行维修。

八仙宫坐北朝南，总建筑面积8200多平方米，基本保持明清时候的格局。宫观内分中庭和东西两院。

中庭部分由前至后依次为大照壁、牌坊、商场、山门、灵官殿、八仙殿、斗姥殿。中庭部分同东西两院之间有碑廊、厢房相隔。

东院建筑为吕祖殿、药王殿、太白殿、厨房院、生活院。

西院建筑为邱祖殿、监院寮、云隐堂、市道协办公院。

中国古都

整个建筑群布局严谨有序，庄严肃穆。

八仙宫的主殿为八仙殿，殿门上有光绪皇帝御书匾额。

八仙殿内正中供奉东华帝君，两旁的钟离权、铁拐李、吕洞宾、曹国舅、韩湘子、蓝采和、张果老、何仙姑八位仙人塑像，神态各异，栩栩如生。

宫内院落雅洁，环境清幽，花草飘香，古木参天。

农历每月初一和十五日是八仙宫传统的开放日，届时前来进香朝拜的善男信女及中外游客成千上万，香火缭绕，磬声不绝。

八仙宫已被国务院定为全国重点宫观之一。

（八）重阳宫

重阳宫是全真道祖庭，又称为重阳万寿宫、祖庵，位于西安市户县祖庵镇。

重阳宫是全真道祖师王重阳早年修道和死后葬骨之地。

王重阳主张儒、释、道三教合一，以"三教圆通，识心见性，独全其真"为宗旨，故名其教为全真教。

元代，重阳宫在北方道教中影响很大，居全真道三大祖庭之首，山门上方悬挂着元代皇帝御赐的金匾。

元代，重阳宫殿堂建筑共计5048间，东至东甘河，西至西甘河，南至终南山，北至渭河。全真道徒常常云集此宫，最盛时近万人。

明清以后，重阳宫屡遭破坏，逐渐缩小。

1962年，户县人民政府将收集的碑石集中到玉皇殿旧址，成为"祖庵碑林"。

1973年，建房十一间，使碑石得到妥善保护。

祖庵碑林也称祖庵石刻，陈列元代道教石刻文物80余件，大多数为螭首龟趺或方趺，许多碑文由赵孟頫、韩冲、王重阳、尹志平等名家所书，其中一级文物12件。

这些碑石记载着道教全真派的历史、教义、修炼要旨等，分为宗教历史类、书法名碑类、八思巴文类、内丹功法类四种，对于多方位研究元代历史和道教发展史具有重要价值。

其中《大元敕藏御服之碑》《皇元孙真人道行碑》为元代大书法家赵孟頫所书，极为珍贵。

2001年，国务院将重阳宫定为第五批国家重点文物保护单位。

（九）大清真寺

大清真寺位于西安鼓楼西北的化觉巷内，又称化觉巷清真大寺。这座清真寺与西安大学巷清真大寺并称为中国西安最古老的两座清真大寺，因其在大学巷清真寺以东，又称东大寺。

该寺始建于唐玄宗天宝元年（742年），属陕西省重点文物保护单位，1988年又晋升为全国第三批重点文物保护单位。

清真寺是伊斯兰教徒的礼拜寺，是伊斯兰教徒心目中神圣的地方。

这座清真寺坐西朝东，南北宽50米，东西长250米，分四进院落，占地12000平方米，建筑面积4000平方米。

礼拜大殿面阔7间，深9间，面积1300平方米，可容一千人同时礼拜，是一座具有中国古代建筑风格的伊斯兰教寺院。

寺院内有建于17世纪初高达9米的木结构大牌坊，牌坊琉璃瓦顶，翘角飞檐，精镂细雕，显得富丽堂皇。

化觉巷清真大寺是西安规模最大、最为有名的一座清真寺。寺内院落划分合理，每院各有特色，富有园林之趣，显示了我国劳动人民的创造精神。

礼拜大殿天棚藻井彩绘蔓草花纹，套刻经文六百余幅，四壁镶嵌着大型木板，上雕中、阿文《古兰经》各三十幅，其雕刻艺术在整个伊斯兰世界中实属罕见，堪称珍品。

这座清真寺的建筑形式巧夺天工，将中国传统建筑风格和伊斯兰建筑艺术完美地结合在一起，令人叹为观止，因而被联合国教科文组织列为

世界伊斯兰文物之一。

（十）大学巷清真寺

大学巷清真寺位于大学巷路西，因地处化觉巷清真寺之西，又称西大寺。该寺创建于唐中宗神龙元年（705年），是西安最古老的清真寺之一。

大学巷清真寺建筑形式略同化觉巷清真寺，唯规模较小。

寺内亭、台、殿、阁布局得当，寺门对面有砖雕纹饰大照壁一座，门外临街有四柱三间石牌坊。

省心阁是该寺主要建筑之一，相传建于宋代。

明成祖永乐十二年（1414年），郑和第四次出使西洋，曾到该寺邀请掌教哈三随同前往，担任翻译。

郑和四下西洋归来后，曾捐资重建该寺。

省心阁后面是南北碑亭，南碑亭内是著名的"郑和碑"，即《重修清净寺碑》。

大殿前为一宽大月台，周围环以石栏。

大殿门首悬挂慈禧手书"派衍天方"牌匾。殿内前中上方写有古兰经原文，右边是阿訇演讲台。

大殿面积500多平方米，可容纳500人同时做礼拜，墙壁四周有花草图案，套刻《古兰经》和阿拉伯文。

整座寺院庄严肃穆，紧凑和谐。

东大寺和西大寺十分有名，一直是西安地区伊斯兰教的活动中心。

七朝古都开封

开封是中国七大古都和历史文化名城之一，已有 2700 多年的悠久历史。战国时期的魏、五代时期的后梁、后晋、后汉、后周以及北宋、金均建都于此，故有"七朝古都"之称。北宋时期更是"人口逾百万，货物集南北"，经济繁荣、风光旖旎、物华天宝，有"汴京富丽天下无"的"国际都会"之称。开封历史悠久，传统民族文化光辉灿烂，文物古迹驰名中外。

一、历史的回忆　七朝古都开封

大业年中炀天子，

种柳成行夹流水。

西自黄河东至淮，

绿影一千三百里。

大业末年春暮月，

柳色如烟絮如雪。

——白居易《隋堤柳》

白居易这首描写开封的诗展现了开封曾经的繁华，而开封经历了几千年历史的沉淀，如今留下的太多太多。

走进开封，可以发现，历史赋予了这座城市无穷的魅力。开封是说不完道不尽的，虽历尽沧桑，但这经历了沧桑后的容颜更加美丽动人，千百年来谱写了一个又一个惊世传奇，这些传奇照耀着开封，让这颗中原明珠更加灿烂夺目。

开封是一座历史文化悠久的古城，夏商时期，这里就开辟为城邑。它地处河南省中部、黄河南岸，是我国历史上的七大古都和国务院首批公布的二十四座历史文化名城之一。历史上它被叫做大梁、汴梁、东京、汴京等。建城两千七百多年来，战国时期的魏国，五代时期的后梁、后晋、后汉、后周以及北宋和金七个王朝曾先后建国都于此，这七个王朝成就了开封的辉煌，并让开封在当代大放异彩。

（一）魏国都开封

这里的魏国指战国时期的魏国，是战国七雄之一。公元前 403 年，韩、赵和魏脱离晋国（春秋时期），将其地三分而独立，史称"三家分晋"。公元前 376 年，韩哀侯、赵敬侯、魏武侯瓜分晋国其余国土，废晋静公，从此，晋

国完全为韩、赵、魏三家所取代。

魏国建立后，在前两位君主魏文侯和魏武侯的统治下，变法改革，国家迅速强大起来。并先后以乐羊为将攻灭中山国；以吴起为将攻取秦国西河（今黄河与洛水间）五城；以西门豹为邺令，以北门可为酸枣令，以翟黄为上卿，改革政治，兴修水利，逐步成为战国初期的强国。

后来，魏国的第三代君主惠王即位，由于多年的战争，魏国国土迅速扩大，为了巩固魏国在中原地区的统治，惠王于公元前 339 年迁都大梁，大梁也就是如今的开封。从此，大梁就成了魏国的首都。魏国迁都大梁后，经历了几年的兴盛，但已经在走下坡路。魏王穷兵黩武，骄奢淫逸，不断发动对周边国家的战争，经过桂陵之战、马陵之战的失败后，魏国彻底衰落下来，最后于公元前 225 年被秦国将军王贲攻破灭亡。

（二）后梁都开封

这里的后梁指五代十国时期的后梁，它的建立者是朱温，也叫梁太祖。朱温于 907 年建立大梁，都开封。朱温曾参加黄巢领导的农民起义，后叛降唐朝，被赐名朱全忠，与沙陀贵族李克用等协同镇压黄巢起义。黄巢起义失败后，唐帝国已名存实亡，各方节度使形成拥兵自重的局面，其中以宣武节度使朱全忠、河东节度使李克用、凤翔节度使李茂贞等势力最大。

朱温于 903 年完全控制皇室，并于 907 年废唐哀帝，自行称帝。朱温在称帝前后，革除了一些唐朝积弊，奖励农耕，减轻租赋，基本上统一了黄河中下游地区。但他生性残暴，不断滥行杀戮，并与据有太原的李克用、李存勖父子连年作战，给百姓带来了深重的灾难。

朱温在位时，并没有指定由谁来继承皇位。后来其次子朱友珪发动政变杀温，自立为帝。再后来，朱温第三子朱友贞发动洛阳禁军兵变，逼死友珪。友贞即在开封称帝（先后改元贞明、龙德），是为后梁末帝，又复年号为乾化三年。友贞猜忌方镇大臣，内部分裂，国力进一步削弱。923 年，后唐庄宗李存勖攻入开封，末帝自杀，后梁灭亡。

（三）后晋都开封

后晋，五代之一，为石敬瑭所建。石敬瑭是后唐明宗的女婿，明宗去世前后，他与契丹相勾结，认契丹皇帝耶律德光为父，并将燕云十六州拱手献给契丹，另加岁贡帛三十万匹。在耶律德光的支持下，他于 936 年在太原称大晋皇帝，史称后晋。937 年，石敬瑭攻入洛阳，后唐末帝李从珂自焚而死。938 年，他迁都汴州，第二年改名为东京开封府。

由于他一味地卖国求荣，人民极度不满，所以他的统治并不稳定，他于天福七年忧郁而终。他死后，他的侄子石重贵即位，史称少帝。少帝在对契丹的关系上不像他的叔父那样卖国求荣，而要求称孙不称臣，这惹恼了契丹，于是契丹主挥兵南下，讨伐后晋。后晋虽然经过顽强抵抗，多次打败契丹的进攻，但终于在叛徒的出卖下被契丹灭亡。947 年，也就是灭后晋第二年，耶律德光在开封称帝，改国号为辽，后晋彻底退出历史舞台。

（四）后汉都开封

后汉，五代之一，为刘知远所建。刘知远曾任后晋太原留守、河东节度使等职，947 年，后晋灭亡后，刘知远对契丹的南下采取观望的态度，但在第二年，刘知远在太原称帝。他下诏诸道禁止为辽搜括钱帛，并诏慰抗击辽之民众，人心归附。三月，辽兵北撤。五月，刘知远出兵占领洛阳、开封，收复后晋末失陷的河南、河北诸州。六月，改国号大汉，史称后汉，都开封。与南唐、吴越、楚、南汉、后蜀、南平等政权并立。

948 年，刘知远病逝，他的第二个儿子承祐即位，是为隐帝。但隐帝即位时，国内大臣史弘肇、杨祐、苏逢吉、郭威四人专权，承祐疑惧，于乾祐三年十一月杀杨祐、史弘肇及三司使王章。后来又密令杀郏

都留守、枢密使郭威，但事情遭泄露，郭威于951年起兵攻入开封，隐帝被杀，后汉灭亡。

（五）后周都开封

后周，五代之一，为周太祖郭威所建。951年，郭威起兵攻入开封，杀隐帝，灭后汉。952年，郭威在开封称帝，改国号为周，史称后周。郭威是一个好皇帝，他针对前朝弊政，进行了一些改革，刑罚有所减轻，某些苛税被废止，部分官田散给佃户，停止州府南郊进奉，这些措施在一定程度上减轻了对人民的压迫剥削。

954年，郭威病逝，养子柴荣（柴皇后之侄）即位，柴荣就是历史上有名的周世宗。他继续推行郭威的改革，整顿吏治，严明军纪，发展经济，恢复国计民生，为统一天下准备了条件。经过一系列的战争，北周迅速强大起来，但可惜的是，柴荣却在959年病逝，他的儿子柴宗训即位，是为恭帝。

显德七年正月，殿前都点检赵匡胤发动陈桥兵变，废恭帝，建立北宋王朝，后周亡。后周的灭亡，标志着五代的结束，同时也预示了十国的终结，宋朝统一中原的行动就此开始。

（六）北宋都开封

960年，后周大将赵匡胤发动陈桥兵变，建立宋朝，定都汴京（今开封），史称"北宋"。赵匡胤就是宋太祖，宋太祖最大的历史功绩就是统一了全国。他先后于964年、965年、970年消灭了荆湘、后蜀、南汉三地，又于974年击败了势力较为强大的南唐，从此，北宋基本上统一了中国，宣布中国历史中纷乱的五代十国结束。

之后，宋太祖吸取了五代十国的经验教训，为了巩固中央集权，他采取了一系列的政策方针：在军事方面以"杯酒释兵权"解除了大将对军队的控制，并且设立中央禁军，使中央对军队有绝对的控制权；在行政方面，削弱了官员职权，以殿试的方式对官员进行最终考核，这样一来，皇帝就掌握了国家的绝对权力，官员也能多办事，政权也能得到长期有效的巩固。

之后，北宋在真宗、仁宗、英宗至神宗时期社会趋于稳定，神宗时更是推行了历史上有名的"王安石变法"，但终因保守党势力强大，变法宣告失败，北宋开始走向衰亡。1125年，金以宋朝破坏与其定下的共同对辽的协议为名，大举出兵侵宋，宋徽宗逃至金陵（今南京）。北宋军队虽然在丞相李纲的指挥下击退了金军，暂时制止了金国的南侵，但由于徽、钦二帝的无能，一心想和金国求和，先后答应割地赔款给金国，又罢免了李纲等忠臣，使得金兵更加肆无忌惮。1127年，金军又一次攻打开封，并掠去徽、钦二帝及大量财物。至此，北宋王朝宣告灭亡。

（七）金朝都开封

1115年，女真领袖完颜阿骨打称帝建国，国号大金，建都会宁。之后，大金不断发动对辽、北宋的战争，并于1125年、1127年分别灭辽、北宋。金代共三个都城，上京会宁府是金朝第一个都城；1153年海陵王迁都燕京（今北京），是为金朝第二个都城，称金中都；金朝第八位皇帝宣宗于1214年迁都汴梁（今开封）。

金在消灭辽朝和北宋后，统一了包括黄河流域在内的广大北方地区，并与南宋长期对峙。金朝在政治上实行"猛安谋克"等独特制度的同时，也采纳了内地的很多政治制度，逐渐被中原文明所征服。金在与南宋、西夏并立期间，迫使西夏臣附、南宋屈辱求和，始终居于霸主地位。

但在金朝后期，统治者奢侈腐败，国内起义不断，加上金章宗末年严重的自然灾害，国内的繁荣已经成过眼云烟。1215年，成吉思汗率领蒙古军劫掠并占领了金国的北京。1234年，蒙宋联军攻破蔡州城，在战火中即位的金末帝完颜承麟死在乱军之中，宣告统治中国长达120年的金国灭亡。

二、开封千古故事

（一）信陵君窃符救赵

信陵君，也叫魏无忌，战国时大梁人，魏安釐王同父异母的弟弟，和赵国平原君赵胜、齐国孟尝君田文、楚国春申君黄歇合称为"战国四公子"。

信陵君为人宽厚仁爱，礼贤下士，因此，士人争相归附于他，最高峰时门下聚集了三千食客。当时魏国有个隐士，名叫侯嬴，已经七十多岁了，做着大梁守城门的小官。魏无忌听说此人有才，就亲自拜访，并馈赠一份厚礼，但侯嬴没有接受。后来有一次信陵君设宴大会宾客，与会的其他宾客都来了，唯有侯嬴没来，信陵君就亲自带着车马和随从，并空出车子左边的上座去接侯嬴。侯嬴为考验一下魏无忌，径直坐上车子上空出的上座，还要求载他去见他的屠夫朋友朱亥。魏无忌满足了侯嬴的这一要求。其随从都在暗骂侯嬴，而魏无忌仍然是面色和悦，一直等到侯嬴聊完，才载着侯嬴回去赴宴。

关于信陵君最有名的故事就是窃符救赵了。公元前 260 年，赵国在长平之战中败给秦国，四十多万兵士被秦国坑杀。公元前 257 年，秦军包围了赵国都城邯郸，赵国形势危急。平原君赵胜多次向魏国求援，于是魏安釐王派将军晋鄙领兵十万前去救赵。但秦昭王得到消息后，派使者威胁魏安釐王，魏安釐王非常害怕秦国，于是就派人通知晋鄙停止进军，名义上为救赵，实际上在观望形势的发展。在这种形式下，信陵君的门客侯嬴秘密献策，让魏无忌去找魏安釐王的宠妃如姬帮忙，让如姬从魏安釐王的卧室内窃出晋鄙的兵符，因为魏无忌曾为如姬报过杀父之仇，如姬肯定会帮助信陵君的。魏无忌听从了侯嬴的计策，前去请求如姬帮忙，如姬果然盗出兵符交给了魏无忌。魏无忌拿到了兵符准备上路，侯嬴又让魏无忌把屠夫朱亥带上，以便晋鄙在看到兵符仍不交出兵权的情况下让大力士朱亥击杀他。魏无忌到了邺，拿出兵符假传魏安釐王的命令要代替晋鄙担任将领。晋鄙表示怀疑，不想交出兵权。魏无忌在不得已的情况下，只好让朱亥动手，用铁锤杀死晋鄙，取得兵权。信陵君统领晋鄙的军队后，精选士兵八万开拔前线。与此同时，楚国也派出春申君黄歇救援赵国，在楚、魏、赵三国的联合下，一举击溃秦国，解除了邯郸之围。

信陵君的一生是成功的，无论是他的不耻下交，还是窃符救赵，都体现了他为人的坦荡，他也因此为后世所景仰。

（二）孟子游梁

孟子（约前372—前289年），名轲，字子舆，又字子车、子居。父名激，母邹氏。孟子远祖是鲁国贵族孟孙氏，后家道衰微，从鲁国迁居邹国。孟子3岁丧父，孟母艰辛地将他抚养成人，孟母管束甚严，"孟母三迁""孟母断织"等故事，成为千古美谈，是后世母教子之典范。

孟子是中国古代伟大的思想家、教育家，战国时期儒家代表人物之一。著有《孟子》一书，属语录体散文集。《孟子》一书是孟子的言论汇编，由孟子及其弟子共同编写而成，是记录孟子的言语、政治观点和政治行动的儒家经典著作。孟子师承孔伋（孔子之孙，一般来说是师承自孔伋的学生），继承并发扬了孔子的思想，成为仅次于孔子的一代儒家宗师，有"亚圣"之称，与孔子并称为"孔孟"。孟子曾仿效孔子，带领门徒游说各国。但不被当时各国所接受，于是退隐与弟子一起著书。

孟子曾经来过开封，并在这里留下了光辉的思想言论。公元前336年，孟子见到了梁惠王（魏国迁都大梁后，魏惠王又称梁惠王）。梁惠王迫不及待地开口就说："老先生，你不远千里而来，大概是有什么好的法子使魏国获利吧？"孟子答道："大王，你何必开口就说利呢？行仁义就够了。假如大王你说怎样才能使我国有利，大夫们必然要说怎样才能使我家有利，百姓们必然要说怎样才能使自身有利，这样，上上下下都言利，国家就很危险了！所以拥有万乘的

天子之国，杀天子的人一定就是拥有千乘的诸侯；拥有千乘的诸侯国，杀诸侯王的人必然是拥有百乘的大夫。从来没有听说过讲仁却遗弃双亲的事，也没有听说过讲义却将国家君王的利益放在自己利益身后的事。"梁惠王听了，感到很满意，大声叫好。

后来，梁惠王多次见孟子，其中有一次见孟子的故事成了千古传诵的著名段落：梁惠王曰："寡人之于国也，尽心焉耳矣。河内凶，则移其民于河东，移其粟于河内。河东凶亦然。察邻国之政，无如寡人之用心者。邻国之民不加少，寡人之民不加多。何也？"孟子对曰："王好战，请以战喻。填然鼓之，兵刃既接，弃甲曳兵而走，或百步而后止，或五十步而后止。以五十步笑百步，则何如？"曰："不可。直不百步耳，是亦走也。"曰："王如知此，则无望民之多于邻国也。不违农时，谷不可胜食也。数罟不入洿池，鱼鳖不可胜食也。斧斤以时入山林，材木不可胜用也。谷与鱼鳖不可胜食，材木不可胜用，是使民养生丧死无憾也。养生丧死无憾，王道之始也。五亩之宅，树之以桑，五十者可以衣帛矣。鸡豚狗彘之畜，无失其时，七十者可以食肉矣。百亩之田，勿夺其时，数口之家可以无饥矣。谨庠序之教，申之以孝悌之义，颁白者不负戴于道路矣。七十者衣帛食肉，黎民不饥不

寒，然而不王者，未之有也。狗彘食人食而不知检，途有饿莩而不知发。人死，则曰：'非我也，岁也。'是何异于刺人而杀之，曰：'非我也，兵也。'王无罪岁，斯天下之民至焉。"在这段话中，孟子比较具体地阐述了自己的仁政思想，对后世产生了深远影响。

关于孟子游梁留下的言论还有很多，其影响是不可估量的。孟子游梁，宣传了儒家的仁义道德思想，阐释了修身齐家治国平天下的道理，是我国历史上光辉的篇章。后人为了纪念孟子游梁，北宋时就在东京城内修建了孟子游梁祠，至今仍保存有孟子游梁祠石碑，表达了开封人民对一代圣人的永久怀念。

（三）宋太祖杯酒释兵权

宋太祖赵匡胤登基称帝后，大封拥立有功的众将领，不少人做了掌握一方军

政大权的地方节度使，还有些人成了统领禁军的高级将领。这时，宋朝虽然已经建立，但仍有一些领兵在外的后周节度使不肯降服，伺机反叛。960年，赵匡胤先后平定了昭仪节度使和淮南节度使的叛乱，才基本上安定了宋朝的局势。

宋朝的局势虽然稳定了，但宋太祖的心里却翻腾了起来，他害怕自己的统治被推翻。有一次，他单独找丞相赵普谈话，问他说："自从唐朝末年以来，换了五个朝代，没完没了地打仗，不知道死了多少老百姓。这到底是什么道理？"赵普说："道理很简单。国家混乱，毛病就出在藩镇权力太大。如果把兵权集中到朝廷，天下自然太平无事了。"宋太祖听了连连点头，赞赏赵普说得好。

961年，宋太祖在宫里举行宴会，请石守信、王审琦、张令铎等几位老将喝酒。酒至半酣，宋太祖命令在旁侍候的太监退出。他拿起一杯酒，先请大家干了杯，说："我要不是有你们帮助，也不会有现在这个地位。但是你们哪儿知道，做皇帝也有很大难处，还不如做个节度使自在。不瞒各位说，这一年来，我就没有一夜睡过安稳觉。"石守信等人听了十分惊奇，连忙问这是什么缘故。宋太祖说："这还不明白？皇帝这个位子，谁不眼红呀？"石守信等听出话音来了。大家着了慌，跪在地上说："陛下为什么说这样的话？现在天下已经安定了，谁还敢对陛下三心二意？"宋太祖摇摇头说："对你们几位我还信不过？只怕你们的部下将士当中，有人贪图富贵，把黄袍披在你们身上。你们想不干，能行吗？"石守信等听到这里，感到大祸临头，连连磕头，含着眼泪说："我们都是粗人，没想到这一点，请陛下指引一条出路。"宋太祖说："我替你们着想，你们不如把兵权交出来，到地方上去做个闲官，买点田产房屋，给子孙留点家业，快快活活度个晚年。我和你们结为亲家，彼此毫无猜疑，不是更好吗？"石守信等齐声说："陛下给我们想得太周到了！"酒席一散，大家各自回家。第二天上朝，每人都递上一份奏章，说自己年老多病，请求辞职。宋太祖马上照准，收回他们的兵权，赏给他们一大笔财物，打发他们到各地去做没有兵权的地方官员。这就是历史上著名的"杯酒释兵权"。

杯酒释兵权加强了中央的实力，稳固了中央集权，对于结束混乱和维护国家统一，起到了积极而又巨大的作用。

（四）张择端与《清明上河图》

《清明上河图》，中国十大传世名画之一，属一级国宝。它长 528.7 米，宽 24.8 米，画上生动形象地记录了 12 世纪汴京（今开封）城市生活的面貌，这在全世界的绘画史上都是独一无二的。

作者张择端，字正道，青年时游学汴京，后专攻绘画，宋徽宗时期入职翰林图画院。他的画自成风格，舟车、市肆、桥梁、街道、城郭等题材在他笔下都栩栩如生。但他的画作大都散逸，只有《清明上河图》完整地保存下来。

当时的汴京，可以说是世界上最为繁荣的城市之一，人口超百万，商业繁荣，交通发达，《清明上河图》就表现了这种万物升平的场面。

全图大致可分为三个部分：首段主要描绘的是汴京清明时节野外的风光；中段主要描绘繁忙的汴河码头；后段张择端把重点放在了繁华的市区街道。

从整体上看，全图内容丰富，大到河流、原野、城郭，小到舟车上的钉铆、摊贩上的小商品等都和谐地统一在一起。据统计，《清明上河图》中画有八百一十五人，各种牲畜六十多匹，木船二十多只，房屋楼阁三十多栋，推车乘轿也有二十多件。如此丰富多样的内容，实属画史上罕见之笔。但最为可贵的是，能把如此多的题材内容统一在一起又能主体鲜明，长而不冗，杂而不乱，深刻体现了画家高超的画技。

但如此瑰丽的国宝也命途多舛，它遭到了历朝历代的统治者们、收藏家们的争夺。张择端在完成《清明上河图》后，首先把他送给了宋徽宗，徽宗非常喜爱这幅作品，并亲自用"瘦金体"书法题写了"清明上河图"五个字。在以后的八百年里，它曾五次进入宫廷，四次被盗出宫，历经劫难，演绎出许

多传奇故事。也许正是因为这些传奇的上演，更为其增添了神秘色彩。

　　幸运的是，今天，《清明上河图》被完好地珍藏在故宫博物院内，但关于其本身，还有许许多多说不清道不完的故事，也许在将来的某一天，历史会道出真相，但真相已不那么重要，重要的是《清明上河图》永远在我们心中。

（五）开封有个包青天

　　说起开封，人们大都会想起包青天，很多人小的时候就是听着包公的故事长大的。虽然民间已把包公的故事神化，但其实历史上包公就是一位伟大的政治家。

　　包公真名包拯，字希仁，庐州合肥（今安徽合肥）人。包拯青少年时刻苦读书，29 岁中进士，但他非常孝顺，认为父母亲年事已高，应该尽孝奉养双亲，所以他就一直留在父母身边，直到双亲去世，守丧期满，他才离开故土，担任朝廷官职。

　　包拯做官以后，一直刚正不阿、铁面无私。也许正是因为这点，所以朝廷于 1043 年将包拯调到首都开封，被任命为监察御史。虽然监察御史没有多少实权，但包拯却因此可以直接参与朝政，这样他的过人才华才得到真正施展。他曾出使契丹，并相当出色地完成了任务。

　　后来，包拯又先后被任命为三司户部判官，京东、陕西、河北转运使等职。在此期间，他做了许多利国利民的好事，比如要求朝廷让百姓休养生息而安居乐业、解决河北军粮问题、解决陕西运城（今属山西）盐业问题等。

　　1050 年，包拯被提升为天章阁待制、知谏院。所以包拯又叫包待制。在此期间，包拯力谏朝廷诸多弊政，并提出了革新建议。但两年之后，包拯却被改任为龙图阁学士，这是一个虚衔，直到 1056 年，包拯才重回京城，任开封府尹。后来，包拯还做过枢密副使等职。但令人遗憾的是，1062 年，包公病死在开封，享年 63 岁。遗著有《包孝肃奏议》。

　　这就是历史上真实包拯的一生，也许没有民间传说中的包拯那样出色传奇，但包公那种清正廉明的作风、刚正不阿的态度、不畏强权的气节值得世代的中华儿女学习。

（六） 天下图书集开封

　　历史上的北宋非常重视文化事业的发展。开国皇帝宋太祖就对他的武将说过："今之武臣，亦当使其读经书，欲其知为治之道。"意思就是说，武将也要多读书，只有多读书，才能知道治理国家的方法。但在宋朝初年，经历了五代十国的战乱，国家的图书已经丧失殆尽。

　　在这种情况下，宋朝的统治者开始着手在开封重新建立国家图书馆。这个时候国家的统治者为宋太宗，太宗就是赵匡胤的弟弟赵匡义，太祖死后，赵匡义继承了哥哥的皇位。太宗是历史上有名的皇帝，也是个爱读书的皇帝，他对臣下说："朕无他好，但喜读书；多见古今成败，善者从之，不善者改之。"正是由于太宗对书籍的热爱，所以当他看到图书馆破旧不堪时，准备重新建设国家图书馆。在太宗的支持下，宋朝很快就建成当时天下第一国家图书馆，太宗赐名崇文院，由"三馆"组成，这就是有名的昭文馆、史馆、集贤院。

　　三馆建成以后，国家就派人四处搜集书籍，极大充实了图书馆的藏书。据史料记载，崇文院的图书增长得非常快，仅用了二十多年的时间，图书数量就达到了八万多卷，天下图书尽归开封，极大地促进了我国文化事业的发展。

　　在这种情况下，民间也兴起了读书藏书的风尚。加之北宋的印刷业非常发达，家家都有书读的局面形成了。

　　但不幸的是，北宋用一百五六十年时间收集的图书，却在靖康年间金兵攻破开封后，全部散失。不但如此，开封私家的藏书也大都化为乌有，这是我国文化史上的巨大损失。

（七） 开封太学

　　开封太学是北宋王朝培养人才的主要机构，北宋王朝的很多政治家和学者曾在此学习过或教过书。

　　北宋初年，刚经历过百年战乱的国家百废待举，一切都没有走上正轨。国

家教育也是如此，成立不久的国子监只是徒具虚名。为了发展教育、培养人才，1044年，北宋政府把国子监扩充为太学，并请当时的知名学者胡瑗为太学主讲。太学初期分为经义斋、治世斋，规模不算很大，可收学徒二百多人。

但真正使太学走上正轨的动力是王安石变法。为了推行新政，政府急需大批肯干、实用的人才，因此对太学非常重视。1071年，北宋政府制定了太学三舍法，所谓三舍就是将学生分为外舍生、内舍生、上舍生三等，上舍生等级最高，外舍生也就是刚入校的学生。据统计，1080年，外舍生有两千多人，内舍生有三百多人，上舍生有一百多人。太学规模逐年扩大，逐渐成为北宋王朝培养人才的最重要的机构。到徽宗时代，太学学生达三千八百多人，成为"天下第一大学"。

太学因设在繁华首都开封，因此其学规比较严格。学校规定：在校生食宿均在校内，不准无故外出住宿；有事必须有正式的请假手续；如果触犯校规，按情节轻重给予相应处罚，其中最重的惩罚就是开除学籍，等等。这些制度其实一直延续到今天，其意义是非常巨大的。

太学注重学生德、智、体的全面发展，每月都按时考查学生的道德和学业水平，甚至考查学生每月的生活费用以决定学生的品行优劣。太学还开设骑射、音乐等锻炼身体、陶冶情操的课程，这种教育在当时是世界一流的。在太学兴盛时期，很多著名学者都在这里教书授课，无怪朱熹说："太学是一大书会，当时有孙明复、胡安定之流，人如何不趋慕。"

在这种情况下，太学培养了一批又一批的优秀学子，这些学子都关心时政，忧国忧民，这是我国知识分子中值得称赞、使人敬佩的优良传统。比如当时的太学生陈朝老主动上书皇帝议政，书曰："陛下即位以来，五次任命宰相。韩忠彦昏庸怯弱，曾布贪赃枉法，赵挺之愚蠢无能，蔡京专横跋扈，今又任何执中为相，执中同样昏庸愚昧，又能干什么呢？是犹以蚊负山也。"其言辞激烈可见一斑。像陈朝老这样的太学生还有很多，他们这些人代表着中国知识分子的良心，总能在最危急的关头大义凛然，说出事实的真相，这种勇气是值得我们敬佩的。

北宋灭亡以后，很多太学生都参加了抗金斗争，并为此付出了生命的代价。

总之，他们身上的爱国行为，表现了中国封建社会知识分子的高风亮节，即使在今天，也是有积极意义的。

（八）靖康之变

1125 年，金军南下攻宋，宋徽宗仓皇南逃，钦宗即位。第二年，金军兵临东京城下，李纲领导东京军民严守城池，坚决抗金，沉重地打击了金军的嚣张气焰，金军只好撤退。金军撤退后，宋徽宗又回到了东京，继续和从前一样，过着荒淫无耻的生活。不仅不做任何军事上的防御工作，而且各地赶到东京救援的宋军，也都被遣散回去，连李纲也遭受排挤，被迫离开京城。

由于宋朝统治者的腐败无能，金军于 1126 年八月分东西两路再次南下，宋军节节败退，金军渡过黄河，提出划黄河为界，河北、河东（今山西）等地全部归金国。宋钦宗对金国百依百顺，不但满足了金朝的要求，还下诏给地方居民，叫他们开城降金。

宋朝统治者的昏庸助长了金朝侵略的气焰，金军继续南下，并包围了东京城。北宋朝中上至皇帝下至小吏尽惊慌失措、方寸大乱，主和派趁机大造声势，举朝皆投降之声。金军围困汴梁一月有余，在尚未攻破东京的情况下，北宋皇室准备投降，开封下级军民却坚决要求抵抗，30 万人决心参战。钦宗竟然亲自到金营求降，卑躬屈膝地献上降表，还下令各路勤王兵停止向开封进发，甚至镇压自发组织起来准备抵抗的军民。金军于是肆无忌惮地大肆搜刮，开封平民遭受了巨大灾难。

第二年二月，金军废宋徽宗、宋钦宗，另立原宋朝宰相张邦昌为伪楚皇帝。四月，金军带上俘虏的两位皇帝以及后妃、皇子、宗室、贵戚等三千多人，连同大量宝玺、舆服、法物、礼器、浑天仪等开始北撤。这就是历史上有名的"靖康之变"。

靖康之变时，康王赵构领兵在外，因此逃脱了这场灾难。1127 年五月，赵构在南京（今河南商丘南）登基。后来，他又把都城迁到临安（今杭州），南宋时代从此开始。

三、开封古迹美景

开封不但是一座历史文化名城，更是一座风景优美的城市，开封的那些名胜美景让人流连忘返。

（一）相国寺

相国寺如今位于开封市自由路西段路北，据《如梦录》记载，这里曾是战国时魏公子信陵君故宅。宋代时曾在相国寺前建了一座信陵亭，并将这一地带叫做信陵坊。

其实，相国寺是我国历史上有名的佛教寺院，是禅宗圣地。它始建于北齐文宣帝天宝六年（555年），那时名叫建国寺，后来因多年战乱，毁于一旦。后于唐景云二年（711年）重建。次年，唐睿宗说他梦见相国寺中的弥勒佛显灵，同时为纪念他由相王登上皇位，于是便赐名建国寺为相国寺，相国寺这个名字因此沿用至今。相国寺在之后的一千多年里，时毁时修，现在的相国寺遗址为清朝修建后的格局。

如今的相国寺已焕然一新，寺内建筑物的布局井然有序。其主体建筑为山门、天王殿、大雄宝殿、八宝琉璃殿、藏经殿等，边上还有东西厢房及钟楼等建筑。

山门是牌楼式建筑，正中匾额朱书"相国寺"三字，大气磅礴，雄伟有力，另外，山门前还有石狮一对。天王殿共五间，内置一神龛，供有弥勒佛像，东西两山供四大天王塑像；大雄宝殿共七间，殿外有须弥座月台，台上有汉白玉

石望柱和栏杆；八宝琉璃殿又叫罗汉殿，是相国寺内最宏伟的建筑。它处于寺中心之高台上，东西南北各有石台阶八级。这座建筑分内外两部分，外面是一座环绕中间院落呈圆周形的八角殿，院子中心是一座比四周环形建筑高的八角琉璃亭，亭内供奉一尊千手千眼菩萨，雕于乾隆年间，高七米左右，是一尊四面完全相同的立体雕塑，无论站在东
南西北哪个方位上，都能清清楚楚地看到她那慈祥、端庄而美丽的笑容，她浑身上下金光闪闪，显得华贵而朴实。她除了与常人一样长着圆润的手臂外，特别令人注目的是，从肩头上斜逸出四组由小手掌排列而成的翅膀，每个小手的掌心里都有一只晶莹发光的眼睛，合在一起共有一千只手、一千只眼；藏经殿共七间，琉璃瓦顶，别有风味。

(二) 铁塔

　　开封铁塔又名"开宝寺塔"，坐落在开封城东北隅铁塔公园内，因塔身全部以褐色琉璃瓦镶嵌，远看酷似铁色，故称为"铁塔"。铁塔建于 1049 年，距今已有九百多年的历史了。其实，铁塔最早的历史可以追溯到北齐年间，那时铁塔所在地为独居寺，北宋时又在独居寺上重建寺院，取名开宝寺，是当时京都的大寺庙之一，明代又将寺庙易名祐国寺，所以铁塔也叫祐国寺塔。

　　铁塔呈等边八角形，共有十三层台阶，高出地面 55.88 米。塔身用花纹砖镶嵌，计有麒麟、菩萨、飞天、乐伎等五十多种花纹图案，造型别致，堪称砖雕艺术杰作。塔身底层四面各辟一门，门内有一小室。另外塔身层层有窗，窗子的方位各不相同，每层塔棚上都有飞檐、挑角、挂铃。微风一吹，104 个铃铛随风摆动，蔚为壮观。

　　塔基底部，原有八棱形围池，底层向南的塔门上有北宋大书法家米芾书写的"天下第一塔"的匾额，因历经水患，今已淤没。塔顶有垂脊铁链八根，系着一个桃形铜质宝瓶。全塔由许多形状各异、大小不一的"结构砖"砌成。这些砖像斧凿的木料一样，砌在一起完全相合，实在罕见。塔内有螺旋形梯道通向塔顶。登上五层，开封全城景色便可一览无余。登至十层以上，若在晴朗的日子里远眺黄河，可以隐隐约约见到一条银光闪烁的白色水带。

据史料记载，铁塔在近千年的漫漫岁月中，经历了 43 次地震、19 次狂风、17 次特大暴雨、10 次冰雹和 6 次水淹。而数不尽的改朝换代，更使这座铁塔满目疮痍。但铁塔是坚强不屈的，至今仍直插云霄、笑傲天下。铁塔于 1961 年被国务院定为全国重点文物保护单位，至今仍有"天下第一塔"的美称。

（三）禹王台

禹王台，又名古侯台，位于开封城外东南约三里。是开封游览胜地，现辟为禹王台公园。

禹王台最早叫"吹台"，相传因春秋时代晋国著名盲人音乐家师旷曾在此吹奏乐曲而得名。古时候，吹台很高，后来因黄河泛滥，吹台仅高出水面不足两丈。西汉初年，汉文帝封其次子刘武为梁孝王，定都大梁。孝王喜爱同文人墨客吹弹游乐，为此增筑吹台，并在吹台周围修建了一座豪华的园林，称为"梁园"，后因战乱而荒败。明成化十八年（1482 年），在台上建碧霞元君祠。后因开封屡遭水患，人们为怀念大禹的治水之功，于明嘉靖二年（1523 年），在吹台上修建一座禹王庙，这座古台从此就又叫禹王台了。

今日的禹王台，经过修葺后留下的主要建筑有禹王庙、三贤祠、水德祠和御书楼等。禹王庙内供奉着禹王塑像，塑像两侧有两副对联，一副是"江淮河汉思明德，精一危微见道心"，另一副是"而耕而粒去巢就庐万代永颂王功德，斯世斯民饮水知源高台重铸禹金容"，歌颂了禹王治水的功德；三贤祠和水德祠就是两个小院，分别位于大殿东西两侧；御书楼位于禹王庙南面，系清康熙皇帝为禹王庙写匾额"功存河洛"的地方。楼下东壁嵌有康有为 1923 年登台时留下的诗作。

（四）延庆观

延庆观，原名重阳观，位于开封市内西南隅，东为相国寺、西接包公祠，南临开封府，是我国著名的道教建筑，与北京的白云观、四川的常道观并称为我国的三大名观，现为中原第一道观。它是为了纪念道教全真派的创始人王喆而修建的。王喆在《射雕英雄传》中被塑造成全真七子的师傅——王重阳。

延庆观的前身为重阳观、大朝元万寿宫，但都毁于战乱。明洪武六年（1373年）更名为延庆观，观名一直沿用至今。虽经明永乐、万历、成化年间多次修建，但规模已大不如前。明代李濂的《延庆观》一诗就反映了这种状况："曾闻汴水桥边观，宋时朝元万寿宫。千树碧桃今绝种，九光丹阁旧浮空。伤心莫问餐霞事，谋国谁摅捧日忠。惆怅二龙终不返，三清台殿夕阳中。"清代数次修建延庆观。盛世观内建筑自南向北有吕祖殿、三清殿和玉皇阁，玉皇阁东还有一座三宫殿。但可惜的是，废观毁像，殿宇尽毁，后来只剩下一座残破的玉皇阁了。

玉皇阁，又名通明阁，是一座汉蒙文化巧妙结合的、具有元代特征的明代无梁阁，距今已有七百多年历史了。1984年重修，现景区面积1500平方米，建筑保存基本完好。玉皇阁内建筑错落有致，大致呈中、左、右三路分布格局，中路为二进院落，从南至北依次为穿心殿、玉皇阁、三清殿；右路是重阳殿；左路有八仙醉酒殿廊、六十甲子殿等。其中著名的景观有：汉白玉雕玉皇大帝、玄武大帝铜像、蒙古骑狮武士等，其中玉皇大帝雕像、蒙古骑狮武士、玄武大帝铜像被誉为"三绝"，具有很高的文物价值。

延庆观现已被定为国家重点文物保护单位。

中国古都

(五) 龙亭

龙亭，其实不是亭，而是建在一座高达13米的巨大青砖台基之上的殿堂。若在有雾的早晨从远处观望，那高耸于台基之上的殿宇宛若天上宫阙，美丽至极。

龙亭在古代有着一段不平常的历史。开封的王气在哪里？"老开封"们几乎众口一词——龙亭。唐代就在此建立过衙署，五代时后梁建都开封，此地为皇宫。后晋、后汉、后周时，此地也为皇宫。北宋时宋太祖对五代皇宫加以扩建，这里成了皇城。明代这里成了朱元璋第五子周王的府第，并修建了许多殿台楼阁和假山。后因黄河决口，富丽堂皇的建筑全部被洪水冲走。清朝初年，有人在假山上建筑了一座万寿亭，内有一个安放皇帝牌位的小亭，当时称为龙亭。后来，清朝官员为讨好皇帝，又在龙亭山上建造了一座万寿宫，今日的龙亭大殿就是当年的万寿宫。清顺治时，在周王府南半部遗址上修建了贡院，供河南乡试之用。后来，龙亭几经修葺，成了现在的样子。

龙亭大殿坐北朝南，高踞在台基之上，异常巍峨壮观。从地面到大殿有36丈高，代表36天罡；有72级台阶，代表72地煞。登上平台，眼前呈现的是大殿，大殿由黄色琉璃瓦盖顶，阳光之下，耀眼夺目。殿内绘有云龙图案，额枋彩绘人物故事、山水花卉，都很精致。大殿正中，有一块巨石，长五尺，宽约三尺，石质黑而润泽，四周浮雕着漆龙，精美异常。大殿东侧有康有为1923年游龙亭时留下的笔迹对联，实为精品。龙亭脚下是潘、杨二湖，三者相互呼应，真是一幅绝美的画卷。

1925年，河南督军胡景翼对龙亭进行修整，将万寿观改名为龙亭公园。1927年，冯玉祥二次主河南政，非常注重对河南的建设，改龙亭公园为中山公园，并在南门的石牌坊大门上横额书写"中山公园"四字，可惜后来石牌坊倒塌，现仅存石狮一对，石狮据守龙亭南门，引人无限遐想。

(六) 繁塔

繁塔，原名兴慈塔，现位于开

封城东南约 1.5 公里，创建于北宋开宝七年（974 年），因其建于北宋四大皇家寺院之一的天清寺内，故又名天清寺塔，又因其兴建于繁台之上，故俗称繁塔。它是开封现存最古老的一座古塔，国内罕见，多年来一直备受关注。

繁塔立在繁台之上，繁台又名"婆台"，是块自然形成的高地，后因附近繁姓人家聚集，因此有了繁台之称。古时繁台很高，后因黄河水泛滥，繁台变得矮小了。五代后周显德二年（955 年），开始在台上建寺，始名"天清寺"。宋太祖时，重修天清寺，并在寺内建一砖塔，名"兴慈塔"，又名"天清寺塔"，俗称繁塔。

据记载，原来的繁塔为九级楼阁式砖砌空心结构，高约 70 余米，不仅比铁塔早建 75 年，而且比铁塔高 20 多米。当时民谣云："铁塔高，铁塔高，铁塔只达繁塔腰。"当年慕名登塔者，足迹相连，络绎不绝。盛世时的繁塔有 400 多僧人，其中具有一定的佛学造诣、能讲经论道的僧人就有 50 多位，足见当时的繁盛是颇具规模的。

繁塔现为全国重点文物保护单位，高 36.68 米，塔基面积约 501.6 平方米，由基底、外壁、清代修葺的七级小塔组成。塔身一砖一佛，生动别致，辉煌壮丽。繁台之上，风光优美，景色宜人。每逢节日，在此烧香拜佛、担酒因时，别有一番乐趣。繁塔的内外壁镶满了数以千计的佛像砖，佛像造型逼真，比例精确，技法细腻，形态各异。繁塔后有一古井，名曰"玉泉"，俗称繁塔老井，与铁塔老井齐名。

（七）镇河铁犀

镇河铁犀，位于开封市东北 2.5 公里处的铁牛村，为明正统十一年（1446年）河南巡抚于谦为镇降黄河洪水灾害而建。于谦生于 1389 年，祖籍河南兰考。明宣德五年（1430 年），于谦受命出任河南、山西巡抚，做了很多有益于人民的好事。明代黄河主流离城仅 2.5 公里，开封城中日夜能听到黄河水拍岸的声音，当时的诗人张琦留有诗句说："扶竹登高回首望，黄河一线响如雷。"

据史料记载，从明洪武六年（1373 年）到正统十一年（1446 年）的 70 多年间，黄河在开封附近决口 25 次。黄河水患成了开封人民生命财产安全的最大威胁，汛期一到，人心恐慌，纷纷逃往异乡。正统五年（1440 年），黄河河水再次上涨，逼近开封城垣，于谦亲临工地，组织和指挥人民进行抗洪斗争，最后终于战胜了洪水，保住了开封城池。

此后，于谦组织了大批人力，以工代赈，在开封城东、北、西三面筑护城堤。护城堤完工后，他又命人铸造了一尊镇河铁犀。犀高 2.04 米，围长约 2.66 米，坐南向北，面河而卧。它浑身乌黑，独角朝天，威武雄壮，栩栩如生。铁犀背上铸有于谦撰写的《镇河铁犀铭》："百炼玄金，熔为金液。变幻灵犀，雄威赫奕。填御堤防，波涛永息。安若泰山，固若磐石。水怪潜形，冯夷敛迹，城府坚完，民无垫溺……"镇河铁犀表达了人民要求根除河患的强烈愿望，也是古代中州大地屡遭水患的历史见证。

如今，铁犀依然挺立，它不屈的精神象征着黄河儿女不屈的斗志。

（八）包公祠

包公祠，是为纪念宋代名臣包拯而修建的。现位于市中心的包公湖西侧，与延庆观毗邻，是国家旅游局开发建设的中原旅游区的重要景点之一、河南省十佳旅游景点之一。尽管全国各地纪念包公的地方有很多，但开封包公祠是目前规模最大、资料最全、影响最广的纪念包公的场所。

现存的包公祠占地约一公顷，是一组典型的仿宋风格的古典建筑群。全祠由主展区、园内景区和功能服务区三部分组成。祠内主要景观有大殿、二殿、厢廊大殿、东西展殿等，还有小桥流水、假山瀑布等人造景观。其中大殿内有高 3 米多、重达 2.5 吨的包公铜像，包公蟒袍冠带，正襟端坐，一手握拳，一手扶持，仿佛要拍案而起，一身凛然不可冒犯的浩然正气。二殿内有包公的出

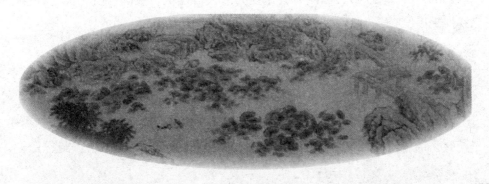

仕明志诗、开封府题名记碑、包公家训、墓志铭等。

（九）山陕甘会馆

山陕甘会馆，位于开封市内徐府街，是在乾隆年间由居住在开封的山西、陕西、甘肃的三省富商巨贾们在明代开国元勋中山王徐达府的遗址上集资修建的，作为同乡聚会之所。经历了几百年的风风雨雨，会馆也遭到了破坏，如今仅存关帝庙部分，实为可惜。

整个建筑布满了砖雕、石雕、木雕，堪称会馆"三绝"。在"三绝"中，成就最高、规模最大、数量最多的还是木雕。每座建筑物的木构件上，特别是屋檐下面的枋、斗拱、挡板、垂柱等，普遍有木雕装饰，且木雕反映的内容非常丰富，山水树木、花鸟虫鱼、珍禽异兽、亭台楼阁、人物故事，无不入画。木雕色彩斑斓，精美无比。

关帝庙部分是山陕甘会馆的重要组成部分。因为关羽是山西解州人，明清以来，晋商遍布天下，所以，凡有晋商出资建造会所者，必有关帝庙。据说每逢祭祀关羽之日，会馆连日演戏，人山人海，非常热闹。关羽是封建社会"忠义"的化身，商人重义，关羽又是山西商贾的老乡，所以山陕商人在会馆内修建关帝庙，隆重祭祀关公，求其降福保佑，也是顺理成章的事情了。

山陕甘会馆由照壁、戏楼、钟鼓楼、正殿和东西配殿等组成。其中的大照壁，高约六米，灰砖砌成，上有黄绿琉璃瓦，背面正中嵌有一块方形石雕，雕二龙戏珠，盘绕十一条小龙作陪衬，实为精美罕见。东西配殿内装饰着精巧的木雕，各种木雕组合在一起成了一个壮观无比的画廊。画廊里，花鸟虫鱼、飞禽走兽、琴棋书画，琳琅满目，美不胜收。

2001 年 6 月 25 日，山陕甘会馆作为清代古建筑，被国务院列为全国重点文物保护单位。

（十）清明上河园

清明上河园，位于开封城西北角，东边是著名的龙亭风景区。它是依据中华民族艺术之瑰宝的《清明上河图》复原再现的大型宋代历史文化主题公园。

清明上河园占地约 510 亩，其中水面 150 亩，拥有大小古船 50 多艘。园内有大小宋式建筑 400 余间，整个风景区都充满了古风古气，实为体验古人生活、领会古代风韵的最佳景观之一。

园区按《清明上河图》的原始布局，集中展现宋代诸如茶肆、酒楼、当铺等商业场景，还有杂耍、民间游艺等娱乐场景，神课算命、博彩、斗鸡、斗狗等京都风情。并根据宋氏历史故事表演宋代婚礼习俗等节目。晚间还有大型晚会"东京梦华魂"，全剧共 70 分钟，由 700 多名演员参与演出，是中国实景演出的力作。

园内主要建筑有城门楼、店铺、河道、码头等，并设有驿站、花鸟鱼虫、特色食街、民俗风情、繁华京城、宋文化展示、休闲购物和综合服务等八个功能区以及宋都、校场、虹桥、民俗四个文化区。现今，清明上河园已成为国家首批 4A 级旅游景区、中国旅游知名品牌、全国文明风景区示范点等。

（十一）翰园碑林

翰园碑林，位于开封风景秀丽的龙亭湖风景区，占地约一百二十亩，它的创建人就是被誉为"当代文化愚公"的李公涛。

几十年来，李公涛发扬愚公精神，艰苦奋斗，带领全家，倾其所有，广征天下墨宝，建设翰园碑林。在这种精神的感召下，社会各界纷纷慷慨解囊，鼎立相助。很快，翰园碑林建成了现在的规模。

翰园碑林分碑廊和园林两大景区，碑廊内有碑刻三千七百多块。这些碑刻以书法艺术为主，集诗、书、画、印精华之大成，表现了中国文字发展史和书法史，从殷商甲骨文开始，汇集历代名碑名帖和著名书法家的代表作。名家作品之丰富，尤为碑林一大特色。园林也清新淡雅，亭台楼阁掩映于湖光山色之中，别有一番韵味。

近年来先后出版的《中国翰园碑林》《中国翰园碑林诗词集萃》《翰园魂》《中国翰园碑林碑帖集之一》《中国翰园碑林碑帖集之二》《翰园之父》等系列书记录了翰园碑林

的发展历程，每月一期的《翰园书画报》也受到了广大书画爱好者的喜爱，如今翰园碑林已成为开封十大旅游胜地之一。

（十二）天波杨府

天波杨府是北宋抗辽民族英雄杨业的府邸，位于开封城内西北隅，天波门的金水河旁，故名"天波杨府"。因杨业忠心报国，杨家将世代忠良，宋太宗赵光义爱其清正刚直，不善巧言谄媚的性格，敕在天波门的金水河边建无佞府一座，赐金钱五百万盖"清风无佞天波滴水楼"，并亲笔御书"天波杨府"匾额。

天波杨府占地约 2.6 公顷，府内建筑井然有序，分为东、西、中三个院落。东院是校场，是骑马射箭、校兵练武的场所；西院是杨家花园，内有亭、台、楼、榭、廊、山水、曲桥，一派江南园林风光；中院是杨府官邸部分，有大门、照壁、钟楼、过厅、天波楼、配殿、后殿，殿内有歌颂杨家将忠心报国的大型群雕和祭祀杨家将的孝严祠。

杨家一门忠烈，曾大战金沙滩，力保大宋江山，是北宋的柱石之臣，可惜终被奸人所害。流传于民间的"四郎探母""穆桂英挂帅""五郎八卦棍""十二寡妇征西"等故事都和杨家将有关。

（十三）朱仙镇岳飞庙

朱仙镇岳飞庙，位于开封城南约 22 公里。朱仙镇相传是战国时魏国义士朱亥的故里，明、清时更是被称为全国四大名镇之一。南宋初年，抗金英雄岳飞曾率兵在此大败金兀术。后人为纪念他，在此修建了岳飞庙。

朱仙镇岳飞庙建于明成化十四年，与汤阴、武昌和杭州岳飞庙统称为全国四大岳飞庙，享誉中外。建国后，国家重新修葺了岳飞庙，现已修复山门、门前照壁和"五奸跪忠"铸像等。

朱仙镇岳飞庙坐北向南，三进院落，廊呈长方形，殿堂恢弘庄严。其主要景点由铁铸跪像、碑廊、拜殿、正殿、寝殿和岳飞及家人的绘塑像组成。庙内以碑碣最为有名，有《道紫崖张先生北伐》《满江红》等碑，字体苍劲奔放，为碑中上品。

（十四）开封府

"开封府"，又称南衙，初建于五代后梁开平元年（907 年），今位于开封市包公东湖北岸，占地约 60 余倾，建筑面积达 1.36 万平方米，与位于包公湖西侧的包公祠遥相呼应，形成了"东府西祠"的壮丽景观。

开封府具有丰富的历史文化底蕴。北宋的开封府被称为"天下首府"，宋太宗、宋真宗、宋钦宗三位皇帝没当皇帝之前都曾在这里当过府尹，并且先后有寇准、包拯、欧阳修、范仲淹、苏轼、司马光、蔡襄、苏颂、曾公亮、宗泽等一大批杰出的政治家、文学家、思想家、军事家在此任职，特别是包拯任开封府尹时，其铁面无私、执法如山的事迹至今家喻户晓。千百年来，开封府成为国人景仰的圣地。

如今的开封府建筑格局规整，整体模式为宋代建筑风格。从中轴线上望去，府门、仪门、正厅、议事厅、梅花堂整齐一列，宏伟大气。两侧还有明礼院、潜龙宫、清心楼、牢狱、天庆观等五十余座辅助建筑。这些景区根据内容的不同，大致可分为以仪门、鸣冤鼓、戒石、大堂等为主题的府衙文化区；以典狱房、牢狱为主题的刑狱文化区；以太极八卦台、三清殿为主题的道教文化区等九大展区。

四、开封民俗文化及民间艺术

开封传统民俗文化源远流长、丰富多彩、特色浓郁，长期以来，深受广大民众的喜爱。一年一度的开封民俗文化节更是弘扬优秀传统文化、集中展示地方特色民俗活动的重要节日。开封的民间艺术同样也是异彩纷呈，汴绣在宋代已名扬天下。

（一）开封年俗

古时开封有句俗语说："腊八祭灶，新年来到，姑娘要花，小伙要炮。"意思是说，每逢腊八祭灶王爷的时候，姑娘小伙们都开始要过年的礼物了。也就是说每年这个时候，开封城乡就有年味了。

其实，开封还流传着一首更能全面具体反映春节前开封年俗的民谣，这就是："二十三，祭灶官；二十四，扫房子；二十五，打豆腐；二十六，去割肉；二十七，杀只鸡；二十八，杀只鸭；二十九，去打酒；年三十儿，贴门旗儿。"这就是说在过年之前，人们还要做这么多事情，不但要祭神，还要准备鸡鸭鱼肉等年货。

除夕这天，家家都要贴春联。而开封还有许多习俗，比如"文官封印""武官封操""商业封门""说书封板""讨饭的封棍"、祭祖和守岁等，诸如此类。"守岁"在今天赋予了新的内容。当午夜的钟声响过，人们争放第一挂鞭炮，表示着在新的一年里会更加努力奋斗，过上幸福生活。

大年初一，家家都起得比较早，更换新衣，洗漱完毕，首先燃放鞭炮，拜祝先祖遗像，这预示着新的一年开始了。接着，晚辈向长辈拜年，长辈要给晚辈"压岁钱"。全家人吃过年饺子，然后开始到亲友家拜年。

正月初二是闺女回娘家的日子。旧时初二，开封城关四乡，鞭炮声、鸣笛声、哨子声响成一片，骡马大车往来穿梭，络绎不绝。步入新时代的今天，这一习俗仍然延续下来，人们大都选择在初二这天回娘家。

正月初三为祭坟、祭宗祖的日期，因旧皇历中说这一天"诸事不宜"，初三开封忌走亲戚。初五为破五日，民间认为初五是年后第一个不吉日，亲友之间亦忌相互串访。除此两日之外，节日期间，开封民间走亲串友，几无闲日，一直延续到元宵节。

（二）开封菊花花会

菊花是开封市市花。一年一度的菊花花会如今在开封已形成习俗。其实菊花在开封是有其深刻的历史背景的。唐代诗人刘禹锡说"家家菊尽黄，梁园独如霜"，这是对开封菊花最有名的描述。这说明在唐代，开封菊花已经很具规模了，家家都种菊花，菊花普及程度可想而知。到了宋代，开封人爱菊比以往更甚，并且那时菊花已经名扬天下了。每逢重阳日，民间插菊花枝、挂菊花灯、饮菊花酒等习俗影响到中原大地的各个角落。

"一年一度秋风劲，岁岁黄花分外香"，这是描写菊花盛开时的盛况。每年金秋十月，是菊花盛开的季节，每当这个时候，开封市民都会走出家门，去欣赏他们喜爱的菊花，如此形成传统，就演变为今天的开封菊花花会。

开封菊花花会的会期为每年的 10 月 18 日至 11 月 18 日，菊会时节，全市展菊多达 300 万盆，品种约 1300 个，形成了"满城尽菊黄"的壮观景象。在历届全国菊花品种展赛中，开封参赛菊花艳压群芳，多次取得冠军。1999 年在昆明举办的世界园艺博览会菊花专项大赛中，开封参赛菊花更是一鸣惊人，夺得大奖总数第一、金奖总数第一、奖牌总数第一的三项桂冠，开封菊花从此名扬海内外。

如今，菊会内容不断丰富，影响也在不断扩大。在"菊花搭台、经贸唱戏"的方针指导下，开封菊会带动了一大批产业的发展，在海内外产生了强烈反响。实践证明，开封菊会的生命力必将更加强大。

（三）开封斗鸡

说起开封，就不能不提到斗鸡，其实开封斗鸡已经有一千多年的历史了。早在唐代，我国就盛行斗鸡，那时的开封，地位仅次于长安和洛阳，所以斗鸡也在开封形成潮流。到了宋代，开封成了天下第一都，斗鸡风气自然在开封兴盛。据记载，那时的斗鸡活动已遍及民间，鸡种逐渐形成了不同的血统体系，玩斗鸡者也逐渐形成了不同的帮派系统。随着王朝的更替，虽然斗鸡中心发生了转移，但至今仍然保持斗鸡传统的，也只有开封了。

如今，开封斗鸡被国人称为"国宝级名鸡"，开封斗鸡在国内外颇有名气，常有外地斗鸡爱好者来开封进行交流比赛，还有不少开封斗鸡爱好者经常携斗鸡赴全国各地巡回演出，饱受好评。但最让开封斗鸡人引以为豪的是，1999年，开封斗鸡队代表中国参加了在泰国举行的世界斗鸡大赛，一举夺得冠军，声名远扬。

每年农历正月初二，固定是斗鸡比赛的日子，每到这一天，开封市民都会积聚在龙亭公园、铁塔公园和相国寺等景点，因为这些地方要举行斗鸡比赛。斗鸡比赛非常精彩，但比赛规则也非常严格。比赛都有专门的裁判，裁判又叫"鸡头"，负责判断比赛的输赢。每场斗鸡比赛只有15分钟，中场有休息时间，这样的赛制已形成传统。观众在观看斗鸡比赛时也要遵守一定的规矩，据老人们介绍，平时看别人的斗鸡时，只能夸奖，不能说孬。一夸主人倒茶，二夸主人拿烟，三夸主人拿酒，四夸主人拿出烧鸡盛情招待。如不懂此俗，看鸡时说鸡孬，一说鸡孬受冷淡，二说鸡孬就会被撵走。当主人下逐客令时，无论再怎样花言巧语，也难以挽回难堪的局面。旧时斗鸡是一种赌博，现在，斗鸡活动已成为有益于社会的体育竞技和民间娱乐活动。

如今，开封市已经成立斗鸡协会，该协会多次应邀到全国各地参加巡演，产生了广泛的社会影响。目前，开封市共养殖斗鸡几万只，且斗鸡品种齐全，包括中原鸡、越南鸡、泰国鸡、缅甸鸡和各种杂交鸡种，应有尽有。

（四）开封盘鼓

开封盘鼓是开封传统民间文化活动的重要组成部分，在河南乃至全国均享有很高的声誉。

开封盘鼓历史悠久，它同兰州的太平鼓、安塞的腰鼓、山西的威风锣鼓、安徽的凤阳花鼓并称为中华五鼓。它最初是用来缉私驱邪的器物，后来发展到用于庆典、祭祀、求雨等民俗仪式。相传宋代遇到干旱灾年，有时皇帝亲自主持规模盛大的求雨仪式，击鼓祈天，赤臂披蓑，鼓舞呼喊，场面相当壮观。

目前每面开封盘鼓直径约 42 厘米，鼓框腹径 55 厘米，高度 30 厘米，重量达 15 公斤，粗大的柳木鼓槌儿长 50 厘米，直径 3 厘米。在全国的盘鼓中，开封盘鼓截至目前仍保留着个人单挎并进行舞蹈的最高鼓的纪录。盘鼓舞蹈可以组成十几人到几百人的表演队伍，场面宏大，蔚为壮观。

开封盘鼓的特点是节奏性强，套路多变，气势宏大。所以每逢元旦、春节、国庆和文化节、菊花花会、庙会等重要活动，都要举行盘鼓表演和比赛。另外，近年来开封盘鼓多次应邀参加重要庆典和活动，其影响力已经扩大到海内外。现在的开封盘鼓协会拥有会员万人之多，其规模和受喜爱的程度可见一斑。

（五）汴绣

汴绣，也叫宋绣，汴绣起源于北宋，开封作为北宋的国都，被称为"汴梁"也作"汴京"，所以刺绣在开封有汴绣之名。汴绣与苏绣、湘绣、粤绣、蜀绣合称为中国五大名绣。在商品经济大发展的北宋时期，刺绣在手工业中占有非常重要的地位。据《东京梦华录》记载，北宋时期，皇宫设有"文绣院"，有三百多名绣女专为皇帝王妃、达官贵人刺绣服饰和绣画，所以宋绣亦被誉为"宫廷绣"或"官绣"。当时皇帝的龙袍、官员的朝服、乌纱帽、朝靴皆为宋绣精品。在民间，刺绣则更为普遍，当时开封大相国寺东门外有一条街就叫"绣巷"，即是专门做刺绣的地方。明代大学者屠隆在他所著的《画笺》一书中赞曰："宋之闺绣画，山水人物，楼台花鸟，针线细密，不露边缝，其用绒止一、二丝，用针如发细者为之，故眉目毕具，绒彩夺目而丰神宛然，设色开染，较画更佳。"另外从北宋政府对外经济交往的项目中可以看出，汴绣成为宋政府向他国赠送或交换的主要珍品。一百多年中，汴绣是中华国土上技艺最精、价值最高、产量最大、流通最广、影响最强的绣品，是中国的国绣。

汴绣的发展与统治者的重视也是密切相关的，北宋初期在京师专门设立了绫锦院用来生产刺绣，宋太宗更是亲自到绫锦院"命近臣从观织室机杼"，说明了统治者的重视程度。随着绫锦院规模的不断扩大，其生产的刺绣不但供皇室贵族官僚显要享用，也供军队消费和岁时赐予。随之应运而生的文绣院，是宋代刺绣史上重要的一笔，也是我国刺绣史上值得骄傲的一笔。宋徽宗年间，又专设了绣画专科，使绣画分类为山水、楼阁、人物、花鸟等，绣品生产遍布河南、四川、湖南、湖北、江苏、浙江、广东等地，一时间，汴绣名扬天下。据《法密藏》记载："宋人之绣，针线细密，用绒一二丝，用针如发细者为之。设色精妙，光彩射目，山水分远近之趣，楼阁得深邃之体，人情具瞻眺生动之情……"这说明当时的刺绣已与书画结合起来，刺绣的水平已经趋于成熟。

但到了南宋时期，汴绣进入了衰退期。随着政治中心的南移，刺绣也在南方兴盛起来。汴绣这个时期虽没有宫廷的支持，没有北宋时期繁荣的景象，但好的一面是，汴绣逐渐走向民间，因为多年的战乱及自然灾害，宫廷里的绣工们大都流散民间，从此，汴绣在民间轰轰烈烈地发展起来，真是野火烧不尽，春风吹又生。从此，汴绣走向了全国各地，对全国各地的刺绣事业都产生了影响。

汴绣在元、明、清时代继续在民间生根发芽，虽然在清代出现的"四大名绣"中不包括汴绣，但这是有深层的历史原因的，中原地区多年的战乱加上水旱灾害严重影响了汴绣的质量。而在此之前，汴绣的兴隆时期，它的影响要远远超过"四大名绣"中任何一种。解放后，汴绣重新得到发展。

五、开封美食小吃

开封不但有许多好玩的地方，还有许多好吃的食物。开封美食小吃数年来吸引着大批游客，那么开封到底有哪些迷人的美食小吃呢？

（一）灌汤包子

灌汤包子是小笼包子的一种，是开封的传统食品。灌汤包子早在北宋时就很出名，那时称灌浆馒头等，北宋之后，灌汤包子成为开封美食，并流传至今。

灌汤包，顾名思义，就是里面灌有汤的包子。吃开封灌汤包子，是一个很讲究的过程。灌汤包子皮薄，但晶莹洁白，有透明之感。包子上有精工捏制皱褶32道，均匀有秩，看上去真是一种美的享受，吃之，其味更美。有人说："吃灌汤包子，汤的存在列第一位，肉馅次之，面皮次之。汤如诗歌，肉馅是为散文，面皮为小说。因为小说是什么都包容的，散文精粹一点，诗歌便就是文中精华了。"的确如此，吃罢灌汤包子，让人首先记住的是其汤之鲜美，肉馅是在汤之后进入味觉感观的，面皮除去嚼感之甜感，其他感觉可以忽略。

（二）鲤鱼焙面

鲤鱼焙面是开封的传统名菜，它是由"糖醋熘鱼"和"焙面"两道名菜配制而成的。据说，慈禧太后当年为逃避八国联军之难，曾在开封停留，开封府衙为她准备了"糖醋熘鱼"这道名菜，慈禧吃后赞不绝口，并赐联："熘鱼出何处，中原古汴梁。"后来，开封人发明了一种新的吃法，就是将用油炸过的龙须面，盖在做好的"糖醋熘鱼"上面，创制了"糖醋熘鱼带焙面"名菜，也即

中国古都

鲤鱼焙面。

鲤鱼焙面绝对算得上一道名菜，因为它的选料及制作过程都非常精细。鲤鱼都是产于开封当地，这种鲤鱼重约一斤，肉味鲜美；焙面也是用的上等的龙须面。

（三）花生糕

花生糕是开封特产，它有着非常古老的历史。相传宋朝时，它就是宫廷膳食，后来流传到民间，制作工艺得到改善，成为普通百姓非常喜爱的食品之一。

花生糕以精选花生仁为主料，辅以白糖、饴糖等，经过熬糖、拨糖、垫花生面、刀切成形等工序制成。成品呈方形，层次分明，呈明细网络，疏松度强；食之口味酥脆，香甜利口，含口自化，真是天下美味。

（四）马豫兴桶子鸡

桶子鸡是开封特产名菜，而"马豫兴桶子鸡"更是名扬天下。马豫兴桶子鸡的创始人是马永岑。大约在顺治年间，清兵入关，马家祖上在金陵（今南京）开设了商号"春辉堂"。到了咸丰年间，由于太平军和清朝的对峙，金陵处于战乱之中，马家在马永岑的带领之下来到了开封，在开封新开了商号叫"豫盛永"。马永岑针对中原盛产鸡的情况，结合南京鸭制品的加工方法，苦心钻研，以母鸡为原料，不开膛，不破肚，使鸡成为桶状，就做出了"马豫兴桶子鸡"，当时受到了极大的欢迎。后来马豫兴桶子鸡便名扬天下，一直到今天仍然是开封的美食之一。

民间总结，马豫兴桶子鸡有三大特点："一是形体丰满，造型独特；二是色泽金黄，诱人食欲；三是肥而不腻，嫩而香脆。"它制作工艺讲究，严格选料，一律选用生长期一年以上，三年以内，毛重在 1250 克以上的活母

鸡，要求鸡身肌肉丰满，脂肪厚足，胸肉裆油较厚为最佳，用百年老汤浸煮，约两小时即可。食用时，把鸡分为左右两片，每片再分前后两部分，剔骨斩块装盘，吃起来脆、嫩、香、鲜俱备，别有风味。桶子鸡最好的部位是鸡大腿，味道香，口感好，几个鸡大腿切成细片，是凉菜中的上等品。

（五）三鲜莲花酥

三鲜莲花酥，是开封特产之一，是以白面为主要材料制作而成的一种点心。点心内有三种不同的馅，故曰"三鲜"。

关于这道点心还有一个凄惨的传说故事。传说在宋仁宗时，后宫的李妃娘娘遭刘妃娘娘陷害，被仁宗打入冷宫。李妃娘娘不堪屈辱，投身于冷宫西面的莲花池内自尽身亡。从此，莲花池内莲花不再开放。相传在冷宫和莲花池之间有个"三仙洞"，铁拐李等三位神仙在此居住。有一次，三仙来莲花池观赏荷花，但发现荷花已不再盛开。后来他们听说了李妃娘娘的悲惨遭遇，就略施法术，赋予了李妃灵气，使她成仙升天了。从此，此处的莲花又盛开了，后来成了文人雅士的畅游之地。人们为了纪念这段故事，制作了一种点心，就叫"三鲜莲花酥"，"三鲜"即为"三仙"的谐音，莲花即为莲花池中盛开的莲花。

三鲜莲花酥食之味道芳香酸甜，糕形如含苞初放的莲花，色调淡雅逼真，形象惟妙惟肖，味道芳香、酥松可口。

（六）开封"套四宝"

"套四宝"是开封宋都宾馆的名菜，相传是在宋代名菜基础上发展起来的。因集鸭、鸡、鸽子、鹌鹑四味于一体，四禽层层相套且形体完整而得名。

其做法是在野鹌鹑的腹腔里装上海参、猴头、鱿鱼等后，再套进鸽子肚中，然后再把鸽子装入鸡的肚子中，最后把鸡装入鸭腹中，然后一齐放入锅中清蒸。蒸好后，四只全禽层层相套，个个通体完整，食之不腻，清爽可口，回味绵长。

当然，真正制作"套四宝"的过程是非常复杂的，没有一定的烹饪功夫是不行的，火候掌握不好也不行，最复杂的是剔骨，要做到个个原形不变实在是需要一定的技术水准。所以，"套四宝"被称为"豫菜一绝"是名不虚传的。

（七）五香兔肉

五香兔肉，是开封特色名菜之一。它选料精细，主料为净兔肉一千克，辅料为桂皮、花椒、大料、精盐、白糖、味精、葱段、姜片、料酒等。

制作过程相对来说比较简单。先把兔肉洗净剁成数块装入碗中。用花椒、大料、桂皮、精盐和少量水熬成五香水，倒入兔肉腌一晚上，捞出，下锅前用红酱油拌匀。然后上火加热加黄油，要掌握火候，适时放入兔肉，并等兔肉炸至金黄色时捞出。之后在砂锅内加清汤和兔肉，然后加入酱油、葱、姜、料酒等调料，材料放完后先用大火将清汤烧沸，然后用温火炖一个小时左右，出锅后切成小块装盘即可。五香兔肉肉质鲜美，色泽红亮，真乃天下一绝。

（八）菊花火锅

菊花火锅是开封美食之一。因开封市的市花是菊花，所以菊花火锅在开封非常盛行。

菊花火锅的原料有很多样，大致有虾肉、牛柳、猪里脊、鸡肉、白菊花、菠菜、粉丝、花生米、高汤等，辅以盐、味精、料酒等作料。其实和传统火锅的吃法一样，只是待火锅内兑入鸡汤滚沸时，取白菊花瓣净洗，撕成茬丝洒入汤内。待菊花清香渗入汤内后，再放入各种肉类和蔬菜。

菊花具有清热解毒、润肺消肿等功效，菊花火锅不仅是美食，还具有一定的保养作用。

（九）大京枣

大京枣古称"蓼花"，是开封传统著名糕

点小吃。

　　大京枣以饴糖、优质糯米、植物油、糖粉等为主要原料，制作过程也精细无比，需要先后经过制坯、油炸、透浆、拌糖粉等几道工序。制作好的大京枣呈圆柱形，金黄色，外粘白糖，外观饱满，膨胀适度，内部组织为丝网状，无空洞，无硬心。吃着酥香可口，入口即化，营养丰富，是老少皆宜的美味糕点。

（十）双麻火烧

　　双麻火烧是开封有名的小吃，也是普及很广的小吃，常作为早点、夜宵，是老百姓非常喜爱的食品。

　　双麻火烧的主料是面粉和芝麻，辅以植物油、盐等。制作过程简单，但也需要一定的烹饪功底。需要经过制芝麻仁、制酥、制皮面、烤制等几个过程，每个过程都有一定的要求，比如在制酥阶段，油烧至八成热时，要将锅端离火口。然后放入面粉1.5千克，用铁铲翻匀，摊在案板上晾凉后，加入盐、大料面，然后用手揉成酥面团。烤制阶段烧至虚红黄色味道更美。

　　正宗的双麻火烧口感酥焦，透五香味。

（十一）芝麻翅中翅

　　芝麻翅中翅是开封正宗的美食，其实也算得上是一般人家的家常菜。

　　制作芝麻翅中翅的主料是腌鸡翅和芝麻，辅以鸡蛋、葱花等，芝麻翅中翅其实就是腌鸡翅外裹蛋汁再蘸芝麻，放油中炸。炸熟的蛋汁酷肖蝉翼，所以取名叫芝麻翅中翅。

（十二）江米切糕

江米切糕是开封著名小吃，其主料为江米、红小豆，辅以枣、红糖、山楂糕等。江米其实就是糯米，红小豆又名赤豆、赤小豆、红豆。红小豆富含淀粉，因此又被人们称为"饭豆"。它具有"律律液、利小便、消胀、除肿、止吐"等功能，被李时珍称为"心之谷"。红小豆是人们生活中不可缺少的高营养、多功能的小杂粮。红小豆含有较多的皂角甙，可刺激肠道，因此它有良好的利尿作用，能解酒、解毒，对心脏病和肾病、水肿均有益。它含有较多的膳食纤维，具有良好的润肠通便、降血压、降血脂、调节血糖、解毒抗癌、预防结石、健美减肥的作用。

江米切糕的制作过程分为三个阶段：第一阶段准备蒸熟的江米和红小豆；第二阶段用湿布把蒸熟的江米饭按压成三个扁形片；第三阶段把红豆馅均匀抹在第一和第二片中间，把熬好的枣码在第二片和第三片中间，最上面放上山楂糕条，最后放入盘中即成。

（十三）红薯泥

红薯泥是开封有名的小吃。其主料为红薯，辅以白糖、山楂、玫瑰、桂花、青红丝等原料。制法是先将红薯煮熟，剥皮去丝，以净白布包之轧压成泥，作为备用。然后把白糖倒至炒锅内化成糖浆，兑入香油、泥红薯，加熟烹饪，搅拌均匀，至三者融为一体，呈现柿红色为止。盛至盘内，上面依次分层放上山楂丁、玫瑰片、青红丝、桂花糖即成。

八朝古都南京

　　南京是中国著名四大古都及历史文化名城之一。千百年来，奔腾不息的长江不仅孕育了长江文明，也催生了南京这座风光秀丽、景色怡人的江南城市。作为江苏省的省会，南京可谓是一块风水宝地。它襟江带河，依山傍水，"钟山龙蟠，石头虎踞"，山川秀美，四时各有特色，由于深厚的历史积淀和独特的地理位置，南京城内留下了数不清的自然景观和人文景观。

一、南京城的地理概况

南京是中国著名的四大古都及历史文化名城之一。千百年来，奔腾不息的长江不仅孕育了长江文明，也催生了南京这座风光秀丽、景色怡人的江南城市。作为江苏省的省会，南京可谓是一块风水宝地。它襟江带河，依山傍水，"钟山龙蟠，石头虎踞"，山川秀美四时各有特色，由于深厚的历史积淀和独特的地理位置，南京城内留下了数不清的自然景观和人文景观。

（一）气候

南京属亚热带季风湿润气候区，雨量充沛，四季分明。春季风和日丽；梅雨时节，阴雨绵绵；夏季炎热，与武汉、重庆并称"三大火炉"；秋天干燥凉爽；冬季寒冷、干燥。南京春秋短、冬夏长，冬夏温差显著，四时各有特色，皆宜旅游，因此就有了"春游牛首烟岚""夏赏钟阜晴云""秋登栖霞胜境""冬观石城霁雪"之说。

（二）地形与山脉

南京大部分为低山丘陵地形，市区平面位置南北长、东西窄，呈正南北走向；南北直线距离 150 公里，中部东西宽 50—70 公里，南北两端东西宽约 30公里。南面是低山、岗地、河谷平原、滨湖平原和沿江河地等地形单元构成的地貌综合体。长江从西南方向流入南京，在此折向东进入镇江。秦淮河、滁河分别从南北岸汇入长江。

南京境内分布在长江以南的山体构成宁镇山脉西段，大体呈东西走向分布。由北向南分别是：钟山北支，处于北郊的长江南岸，自东向西分别是栖霞山、

南象山、幕府山；钟山中支，包括东郊的紫金山（即钟山）及其在市区的延伸，海拔 448.9 米的主峰头陀岭是南京最高点；钟山南支，处于南郊的江宁，自东向西分别是汤山、方山、牛首山等。此外，溧水和高淳境内还分布有茅山山脉的余脉。在长江以北，六合区北部有东平山、冶山，东南部有灵岩山，浦口区分布着老山山脉。"钟山龙蟠，石头虎踞"概括了南京

城周边的地势，南京城区起伏不平。紫金山中支的余脉向西延伸，在太平门旁为富贵山，进城为小九华山、北极阁，继续向西连接古长江冲积物堆成的下蜀黄土岗地，将南京城一分为二，形成了秦淮河水系和金川河水系的天然分水岭。在城北绣球公园附近还有狮子山（又名卢龙山），城西有马鞍山，城南有石子岗（又名玛瑙岗、聚宝山）。四周群山环抱，有紫金山、牛首山、幕府山、栖霞山、汤山、青龙山、黄龙山、方山、祖堂山、云台山、老山、灵岩山、茅山等，另有富贵山、九华山、北极阁山、清凉山、狮子山、鸡笼山等聚散于市内，形成了山多水多丘陵多的地貌特征。

（三）河流与湖泊

南京城内主要河流有长江和秦淮河。长江南京段从江宁铜井镇南开始，至江宁营防乡东为止，境内长约 95 公里。秦淮河全长 103 公里，到南京武定门外分为两支：一支为干流，称外秦淮河，绕城经中华门、水西门、定淮门外由三汊河注入长江；另一支称内秦淮河，由通济门东水关入城，在淮清桥又分为南北两支，南支为"十里秦淮"，经夫子庙文德桥至水西门西水关出城，与干流汇集，北支即古运渎、经内桥至张公桥出涵洞口入干流。此外，南京市北部有滁河，干流全长 110 公里，河道弯曲，集水面积 7900 平方公里，南部有淳溧运河和天生桥河。秦淮河与金川河是南京城内的两大水系。紫金山及其横贯南京城的余脉形成了它们的天然分水岭。分水岭南侧的青溪、珍珠河、进香河等汇入内秦淮河，北侧的金川河水系与玄武湖水系相通。市区内除玄武湖外，还有莫愁湖、南湖、紫霞湖、月牙湖（原城东护城河一部）等大小湖泊。

二、八朝古都南京的历史沿革

(一) 史前

南京汤山葫芦洞发现的南京猿人头盖骨和相关遗迹表明，南京地区在约60—100万年前就有了古人类的活动。约6000年前，南京地区出现了原始村落（北阴阳营文化），属于长江下游地区新石器时代文化类型。南京地区的人类早期文化遗存还有点将台文化和湖熟文化等200多处。

(二) 古代

1. 楚秦王气

春秋战国时期，南京地处"吴头楚尾"，位于"九州"之扬州地域。传说吴王夫差于公元前495年在此筑冶城。公元前472年，越王勾践灭吴，范蠡在今中华门外秦淮河南岸筑越城，是南京城垣史的发端。公元前333年，楚威王熊商灭越，埋金以镇"王气"，并于石头山（今清凉山）筑金陵邑。秦始皇三十七年（公元前210年），金陵邑改为秣陵县。汉初秣陵相继为楚王韩信、吴王刘濞之封地。公元前128年，汉武帝封其子刘敢为丹阳侯，刘胥行为胡孰侯，刘缠为秣陵侯。

2. 六朝古都

历史上，南京城以其六朝古都的名声享誉海内外。所谓六朝，指的是三国时的吴、东晋，南朝的宋、齐、梁、陈。

吴：195年，孙策渡江占据丹阳、江乘、胡孰、秣陵等县。208年前后，诸葛亮出使江东，观察南京山川形胜，作出了"钟山龙蟠，石头虎踞"的著名评语。211年，孙权听从谋士张纮之言，

自京口迁秣陵，在金陵邑旧地筑石头城，改
名建业。都城周长约 11 公里，开始了南京的
都城史。229 年，孙权称帝，是为吴大帝，自
武昌还都建业，是为南京为国都之始。吴石
头城遗址在今南京城西草场门至清凉门之间。

东晋：280 年，西晋灭吴，改建业为建
邺。后因避晋愍帝司马邺之讳，改名建康。
琅玡王司马睿南渡后，以建康为根基。西晋
经永嘉之乱而亡，中原士族衣冠南渡。建武
元年（317 年），司马睿以建康为都建立东晋，建康成为华夏正朔所在。

南朝四代：420 年东晋灭亡，此后，宋、齐、梁、陈四个朝代相继在建康
建都，直至 589 年被隋所灭。此四朝的年代和开国者分别为：420 年，刘裕代
晋称帝，为宋武帝，宋立国，定都建康；479 年，萧道成代宋称帝，为齐高帝，
齐立国，定都建康；502 年，萧衍代齐称帝，为梁武帝，梁立国，定都建康；
557 年，陈霸先代梁称帝，为陈武帝，陈立国。南朝时的建康人文荟萃，相当
繁盛，梁武帝时城中人口已超过 100 万，是南京发展历史上的第一个高峰。然
而，爆发于梁武帝太清二年（548 年）的"侯景之乱"对建康造成了毁灭性的
破坏。589 年，隋军灭陈之后，将建康城邑宫苑全部平毁，仅在石头城置蒋州，
南京历史上的第一次繁荣到此彻底结束。

吴、东晋、宋、齐、梁、陈合称六朝，故南京被称为六朝古都。今南京图
书馆保留有六朝建康城遗址。六朝建康城为当时世界上最大的城市，人口达百
万。经济发达、文化繁盛，在江南保存了华夏文化之正朔。

3. 从隋唐至近代

唐代，建康故地又逐渐发展起来。唐初在此置江宁郡，后置升州，再后改
为金陵府。唐朝灭亡后，十国之一的南唐（937—975 年）在金陵建都，称江宁
府，并修建了城邑。此后的南京城就是在南唐金陵城的基础上逐步扩建而成的。
宋朝时，此地置为升州，北宋称江宁府。南宋建炎三年改称建康府，作为宋朝
行都，称"东都"，绍兴元年改为留都。南宋时建康府为江南东路首府。元朝时
改为集庆路。

1356 年，朱元璋攻克集庆，改集庆路为应天府，作为根据地，朱元璋自称

吴国公。1368年，朱元璋在应天称帝，国号明，是为明太祖。以应天府为南京，以为首都，以开封为北京，以为陪都。当年，明军攻入大都，将元朝统治者逐出中原，南京第一次成为一个大一统王朝的京城，迎来了历史上的第二次高峰。1378年，罢北京，改南京为京师。1386年，京师城垣完工。南京是在元代集庆路旧城的基础上扩建而成的。城市由三大部分组成，即旧城区、皇宫区、驻军区。后两者是明初的扩展。环绕这三区修筑了长达33.68公里的砖石城墙，即今南京明城墙，为世界第一大城垣。南京城墙墙基用条石铺砌，墙身用大型城砖垒砌两侧外壁，中实杂土，所用之砖由沿长江各州府的125个县烧制后运抵南京使用，每块砖上都印有监制官员、窑匠和夫役的姓名，其质量责任制之严格可以想见。城墙沿线共辟13座城门，门上建有城楼。1402年，明太祖四子燕王朱棣经"靖难之役"夺得建文帝帝位。1403年，明成祖升北平为北京，以北京为陪都。1420年底，明成祖迁都北京，以南京为陪都，设有南京六部等机构。1644年，崇祯帝吊死于煤山，北京陷落，福王朱由崧在南京即位，为南明弘光帝。次年，南京被清军攻陷，降为江宁府。

1645年，清兵攻克南京，改南直隶为江南省，改应天府为江宁府。1649年，清设两江总督于江宁。清初，江宁为江南省省府。从康熙六年江苏、安徽分别建省直到清末，江宁是统辖江苏、安徽、江西三省的两江总督驻地，和江苏巡抚驻地苏州同为江苏省省会。同时，在江宁又设立江宁布政使，管辖江宁府和江苏省长江以北的扬州府、淮安府、徐州府、海州直隶州、通州直隶州和海门厅。管辖安徽民政的安徽布政使也曾长期驻扎在江宁。城东明故宫旧址驻扎有八旗军队，设江宁将军管辖。清朝的江宁在经济方面也具有相当的重要性。清廷在此设立了规模庞大的江宁织造厂，生产供皇家需求的丝织品。

三、南京城的名胜古迹

南京地处长江中下游平原东部苏皖两省交界处，江苏省西南部。南京素有石头城之称。面滔滔江山，枕巍巍钟山，龙盘虎踞，地势险要。春秋战国时期，南京地处"吴头楚尾"，春秋时吴国曾置城于此。三国时东吴自武昌迁都来此，

之后三百多年间，东晋、南朝的宋、齐、梁、陈四代皆曾定都于此，故有六朝古都之称。

由于深厚的历史积淀和独特的地理位置，南京城内留下了数不清的自然景观和人文景观，大体说来，以下诸处最为著名：玄武湖、莫愁湖、秦淮河、紫金山、中山陵、明孝陵、灵谷寺、鸡鸣寺、雨花台、梅园新村等。郊外有栖霞山，山中又有六朝石刻、舍利塔等古迹，秋来满山红叶，诗意盎然。

（一）明孝陵

明孝陵位于南京市东郊紫金山南麓的独龙阜玩珠峰下。明孝陵是明代开国皇帝朱元璋和皇后马氏的合葬陵墓。因皇后谥"孝慈"，故名孝陵。它坐落在南京紫金山独龙阜玩珠峰下，东毗中山陵，南临梅花山，是南京最大的帝王陵墓，也是中国古代最大的帝王陵寝之一。2003年7月3号，经联合国教科文组织世界遗产委员会第27届会议决定，明孝陵入选为世界文化遗产。其周边的常遇春墓、仇成墓、吴良墓、吴桢墓及李文忠墓等五座功臣墓也同时被划入世界遗产保护范围。

明孝陵景区名胜众多，风光秀丽，位于其正南的赏梅胜地梅花山，花开时节，暗香浮动，游人如织；东侧的紫霞湖、正气亭、定林山庄，林壑幽深；西南的中山植物园，佳卉留芳；东南的海底世界，令人流连忘返。

相传明太祖朱元璋死后，为了防止后人盗墓，曾于同一天从南京13个城门

同时出殡，而且车马仪仗完全相同，使人难辨真伪。当年陵园内亭阁相接，享殿中烟雾缭绕，松涛林海，鹿鸣其间，气势非凡。

明孝陵的朱红大门坐北朝南，正对梅花山，门额上书"明孝陵"三字。碑亭后原建有两御亭，西边叫宰牲亭，东边的称具服殿，今均已毁坏，仅存一些石柱和石井栏等。在原享殿的位置上尚可见到 64 个石柱的基础，由此可以想象当年享殿的规模是很大的。

明孝陵的神道是中国古代帝王陵中唯一不呈直线的神道，它环绕建有三国时孙权陵墓的梅花山形成一个弯曲的形状。由卫岗的下马坊至文武方门的神道长大约 2400 米。下马坊即孝陵的入口处，是一座二间柱的石牌坊，额枋上刻有"诸司官员下马"六个楷书大字，谒陵的文武官员，到此必须下马步行。沿神道依次有：下马坊、禁约碑、大金门、神功圣德碑碑亭、御桥、石像路、石望柱、武将、文臣、棂星门。过棂星门折向东北，便进入陵园的主体部分。这条正对独龙阜的南北轴线上依次有：金水桥、文武方门、孝陵门、孝陵殿、内红门、方城明楼、宝顶等建筑。

明孝陵地面木结构建筑大多毁于 1853 年清军与太平军之战，现仅存下马坊、禁约碑、内红门、碑亭中壁、石像路、方城明楼下部等砖石建筑。明孝陵布局宏伟，规制严谨，陵神道开了弯而且长的先例，并影响了明清两代。

梅花山因三国时东吴君主孙权及其夫人葬此，故称孙陵岗，位于明孝陵正南 300 米。朱元璋曾说："孙权也是一条好汉，就让他给我守门吧。"故此在建明孝陵时孙权墓没有被破坏，而明孝陵的神道只好绕过孙陵岗，这就是明孝陵的神道不笔直的原因。梅花山遍植猩猩红、骨里红、照水、宫粉、玉蝶等珍品梅花万余株，是南京人踏青赏梅的胜地。山上有观梅轩、博爱阁等景点。岗上建有博爱亭。山上种植各种梅花万余株，每年冬末初春，梅花陆续开放。红蕾碧萼缀满枝头，暗香袭人，沁人心脾，踏青赏梅者络绎不绝，逢节假日更是车水马龙。

由日本福冈县各界人士捐资兴建的江苏—福冈友好樱花园在梅花山东侧，园内筑仿唐式观樱亭一座，石灯两盏，缀置具有日本园林特色的

"枯山水"，植 8 个品种的樱花 2500 余株，其中数百株树龄已逾 30 年，为梅花山又添了一处十分迷人的景色。梅花樱花相继开放，更加吸引游人。

（二）朝天宫

朝天宫位于江苏南京市水西门内，是江南规模最大、保存最为完好的一组古建筑，它依山而建，占地面积 3 万多平方米。朝天宫的历史可上溯到公元前 5 世纪，在今朝天宫所在的冶山上就曾建筑南京最早的城邑之一——冶城，此后历朝历代均在此地建有名楼佳构，成为名士登临之地。

明洪武十七年（1384 年）朝天宫重建，易今名。前有三清殿，后有大通明殿，另有飞霞阁、景阳阁等。清乾隆二十九年（1764 年），皇太后发帑重修，为金陵道观之最。咸丰（1851—1861 年）中被毁，同治四年（1865 年），于旧址改建孔庙，并迁鸡鸣山江宁府学于此。朝天宫建筑群中央为文庙，东侧为江宁府学遗址，西侧为卞公祠，此外有卞公墓、忠节坊等。朝天宫现为南京市博物馆。

明朝时此处为朝廷举行盛典前练习礼仪的场所，也是官僚子弟袭封和文武官员学习朝见天子的地方。原来的朝天宫毁于太平天国战乱期间。现存朝天宫古建筑群为战乱以后的清同治五年至九年（1866—1870 年）间在清前期原址上改建而成，从原来的道教建筑变成了儒家的文庙和江宁府学（原来的江宁府学旧址则改为武庙，民国时期改为考试院，在今日鸡鸣寺附近的南京市政府一带）。朝天宫街区内插建的建筑以江南小式建筑风格为造型主体，融入六朝时期的建筑元素，设有古玩市场。

现在，朝天宫内仍有传统的礼仪表演，共有 6 场 11 项程序，即驾幸、进表、传制、进见、乐舞升平、还宫。

（三）鼓楼

南京鼓楼始建于明洪武十五年（1382 年），清代康熙皇帝南巡曾登临四望，次年，地方官在鼓楼基座上树碑建楼，并更名为"碑楼"，故有"明鼓清碑"之称。

南京鼓楼是南京城中心的一座明清建筑，它位于北极阁以西的鼓楼岗上，占地9100平方米。在古代是进行击鼓报时、迎王、送妃、接诏等重大仪仗庆典的场所。明亡后，钟楼和鼓楼上层的木建筑均毁，原有的报时设施散失。现存的上层楼台规模较原来为小，是1684年由清两江总督王新命在明朝台座的基础上重建的，建有大殿两层，屋顶为歇山顶重檐四落水木结构。南京鼓楼，是明代首都之象征。

登楼远眺，全城景物尽收眼底。康熙二十三年（1684年），康熙第一次南巡，至金陵上钦天山，登观象台，望后湖。接着，顺山径西行，登上鼓楼台座，居高远眺，前瞻钟山，后瞰石城，纵观全城古貌，龙盘虎踞之势尽收眼底，不由心旷神怡。故此，将鼓楼称之为畅观楼。次年，两江总督王新命为首的江南官员，为纪念康熙来南京，特在明代鼓楼台座上建楼、立碑，并将明代鼓楼改称碑楼。因碑刻康熙皇帝初四日在仪凤门外御舟上对江南官员所作的告诫，而称该碑为戒碑，树立于畅观楼的中心。

安放在康熙南巡戒碑两边的一对龙凤亭，相映成辉，古朴典雅，供游人观赏。但对此亭还无确切年代的考证，据有关专家从其工艺、雕刻水平而论，可能为明末清初巧夺天工之作。位于鼓楼西侧的八角亭，建造精巧，外型美观。此亭建于民国初期，是齐燮元为其母做寿而建，当时称之为"齐氏寿亭"。齐氏寿碑（为龟驮石碑）立于亭东，现已无存。解放后，将寿亭改为乐之亭。乐之，其含义之一是取大钟亭与鼓楼互相呼应之意，现鼓楼东有大钟亭，钟、鼓东西矗立，音响呼应，故采用《诗经》之句"参差荇菜，左右芼之，窈窕淑女，钟鼓乐之"，以钟鼓点题，取"乐之"；含义之二是：亭周围已建儿童游乐场，用"乐之"定名，意在给儿童以快乐。

（四）灵谷寺

灵谷寺在紫金山东麓，是古代钟山70多座南朝佛寺中唯一留存至今的寺院，最初在今明孝陵所在地，后因兴建

明孝陵而迁至今址。这里松木参天，景色宜人，有"灵谷深松"之称。寺建于明初，当时规模十分宏大，占地 500 亩，还设有鹿苑，养鹿无数。现存寺址仅是明初灵谷寺龙王殿的一部分。

灵谷寺始建于南朝梁天监十三年（514 年），是梁武帝为安葬名僧宝志而建立的寺院。唐朝乾符年间（874—879 年），改名为宝公院。宋朝开宝年间（968—975 年），更名为开善道场。宋太宗太平兴国四年（979 年），宋太宗又题寺额为"太平兴国禅寺"。其后又改为十方禅院、蒋山寺。

明朝建都南京后，选择龙盘虎踞的钟山西麓为皇家陵园，明太祖就把寺庙迁到钟山东南麓。这里"左群山右峻岭，北倚天之叠嶂，复穿岑以排空，诸峦布势，若堆螺髻于天边"。寺庙建成后，明太祖赐额"灵谷禅寺"。清康熙四十六年（1707 年），康熙皇帝南巡时，临幸钟山，御赐"灵谷禅林"匾额，并书"天香飘广殿，山气宿空廊"对联赐予禅寺。

现在的灵谷寺是 1928 年至 1935 年在原寺址基础上建成的国民革命军阵亡将士公墓。建国后改名为灵谷公园，但习惯上仍称灵谷寺。

（五）鸡鸣寺

南京鸡鸣寺，又称古鸡鸣寺，位于鸡笼山东麓山阜上，是南京最古老的梵刹之一。鸡鸣寺始建于西晋，清朝康熙年间鸡鸣寺曾进行过两次大修，并改建了山门。康熙皇帝南巡时，曾登临寺院，并为这座古刹题书"古鸡鸣寺"大字匾额。南京鸡鸣寺七层八面的药师佛塔，为 1990 年重新建造，是鸡鸣寺历史上的第五座大佛塔，塔高约 44 米。此塔被称为消灾延寿药师佛塔，含国泰民安和为香客、游人消灾延寿的祝祷之意。宝塔南面正门上额题"药师佛塔"四个大字，系中国佛教协会前会长赵朴初的手迹。

鸡鸣寺所处的地方在三国时期是吴后苑，晋朝的时候是廷尉属，到南北朝时期，由梁武帝萧衍于大通元年（527 年）在这里建同泰寺，为南朝四百八十寺之首刹。同泰寺后毁于侯景之乱的兵火。这一地区在南吴太祖统治时建造了台城千佛院，南唐的时候建造净居寺，后又改名圆寄寺，宋代改为法宝寺。明洪武二年（1369年），明太祖朱元璋命拆除庙宇，在旧址上重建寺院，命名鸡鸣寺。清朝同治年间重修，规模减小，光绪年间又建造了豁蒙楼。民国初期建造了景阳楼，后来寺庙毁于战乱。20世纪80年代鸡鸣寺复建，常住都是女众，寺内建有药师佛塔，供奉着从北京雍和宫移来的药师佛金身。寺内有豁蒙楼，现为餐厅。寺东有一古井，名胭脂井。南朝陈末，隋兵攻进台城时，陈后主与妃子张丽华、孔贵嫔曾在井中避难，后被隋兵发现而为俘虏，故又名辱井。

（六）静海寺遗迹

　　静海寺遗迹位于南京市挹江门外热河路朝月楼。明永乐九年（1411年），为表彰郑和下西洋之功，同时供奉郑和带回的佛牙、玉石、药草等珍品，敕建"静海寺"。其规模宏大，有大雄宝殿、天王殿、正佛殿等建筑，占地2万多平方米。我国近代史上第一个不平等条约——中英《南京条约》即在此议定，后在英舰"康华丽"号上签订。寺内建筑在1937年日军侵占南京期间遭战火，只剩少量僧舍。1990年修复了主厅、主房、厢房等建筑，并建《南京条约》史料陈列馆。1997年为庆贺香港回归再次扩建对外开放，并将寺旁原天妃宫内留存的永乐十四年（1416年）御制的天妃宫碑移入寺内保护。天妃宫碑是江苏省文物保护单位，通高5.9米、宽1.5米、厚0.52米，是国内仅存的3块记载郑和下西洋的碑刻之一。

　　静海寺建成之后，因年久蠹坏，曾于明正德、明万历、清乾隆年间三次重修。据记载，正德年间重修后，静海寺有四殿、六堂、四亭，还有方丈室、楼、阁、画廊等。明清时静海寺规模宏大，号称"金陵律寺之冠""金陵八大寺之最"。

（七）栖霞山景区

　　栖霞山位于南京城东北22公里，又名摄山，南朝时山中建有"栖霞精舍"，因此得名。山有三峰，主峰三茅峰海拔286米，

卓立天外，又名凤翔峰；东北一山，形若卧龙，名为龙山；西北一山，状如伏虎，名称虎山。栖霞山古迹名胜很多，特别是2000年发现的"东飞天"石窟，使它成为蜚声海内外的旅游胜地。栖霞山没有钟山高峻，但清幽怡静风景迷人，而且名胜古迹遍布诸峰，被誉为"金陵第一名秀山"。尤其是深秋的栖霞，枫林如火、漫山红遍，宛如一幅美丽的画卷，素有"春牛首，秋栖霞"之说。山西侧称枫岭，有成片的枫树，深秋的栖霞，红叶如火，登高远望，甚为壮观，景色十分迷人，南京人尤其喜爱举家游览。

栖霞山风景区的第一景是明镜湖，有"彩虹明镜"碑立于湖边，它位于栖霞寺大门西面，面积约3000平方米，是清乾隆年间兴建的，湖中有湖心亭，并有九曲桥与岸相连，造型精巧，向东有月牙池，向前就来到栖霞寺大门。

千佛岩在凤翔峰西南麓，始凿于南齐永明七年（489年），历经各代凿建，现有佛像700尊。栖霞飞天壁画在2000年进行的考古研究中被发现，为目前千佛岩内唯一发现保存完好的壁画。

闻名遐迩的"东飞天"就在102号佛龛中。南齐永明七年（489年），明僧绍之子与智度禅师合作开凿三圣像以纪念明僧绍。梁大同六年（540年）三圣像佛龛上出现佛光，惊动齐梁贵族，于是纷纷前来凿石造像，从南朝齐永明二年至梁天监十年（484—511年）逐渐开凿而成。又据传，栖霞寺创建人僧绍曾梦见西岩壁上有如来佛光，于是立志在此凿造佛像。他病故后，其子在南齐永明二年（484年）开始与僧智度禅师在西壁上凿佛龛，镌刻了三尊佛像，这三佛合称"西方三圣"，该殿也称"三圣殿"。所有佛像或五六尊一龛，或七八尊一室。佛像最初有515尊，分凿于294个佛龛中，望之如峰房鸽舍，号称千佛崖。

舍利塔始建于隋仁寿元年（601年），始为木塔，后毁于唐武宗会昌年间。现存之塔系南唐时高越、林仁肇建造。从栖霞寺南侧围墙外山路向东行不远，就可看到舍利塔，该塔用白石砌成，五层八面，高约18米。塔外壁上刻有浮雕，形象姿态生动传神。

塔基上刻着释迦牟尼出家修道的故事，依次是托胎、诞生、出游、苦行、坐禅、说法、降魔、涅槃。该塔为五级八面密檐式石塔，塔基上浮雕释迦八相图和海石榴、鱼、龙、凤、花卉等图案；塔身刻有高浮雕天王像、普贤骑象图和文殊菩萨像，像上还刻有"匠人徐知谦"等题名。

塔檐下雕飞天、乐天、供养人等像。第二层以上每面都刻两个圆拱形龛，均内雕一尊跏趺坐佛，共计64尊，雕刻精细，甚为生动。全塔造型典雅、秀美，雕刻细腻、精湛、装饰华丽，为佛教艺术在江南的代表作，在中国古代建筑史上占有重要的地位。1988年舍利塔被列为全国重点文物保护单位。

（八）雨花台景区

雨花台景区位于中华门外约一公里处，它是一座以自然山林为依托，以红色旅游为主体，融自然风光和人文景观为一体的全国独具特色的纪念性风景名胜区。

从公元前1147年泰伯到这一带传礼授农算起，雨花台已有三千多年的历史。自公元前472年，越王勾践筑"越城"起，雨花台一带就成为江南登高揽胜之佳地。三国时，因岗上遍布五彩斑斓的石子，又称石子岗、玛瑙岗、聚宝山。南朝梁武帝时期，佛教盛行，有位高僧云光法师在此设坛讲经，僧侣五百余人跌坐聆听，感动上苍，落花如雨，雨花台由此得名。唐朝时根据这一传说将石子岗改名为雨花台。北宋末年，雨花台始有建筑物，至晚清，在遗址上又建云光寺，后毁于兵燹。如今复建的雨花阁，阁叠三层，檐卷四重。内厅有巨幅云光法师说法瓷砖画，以追寻雨花台历史源头为内容，内存一尊讲经石座，四周散缀99粒雨花石，营造出云光法师讲经天花乱坠的场景。

清"金陵四十八景"的又一重要景观"木末亭"，位于雨花台东岗之巅，始建于明代。"木末"二字，最早见于屈原的《九歌·湘君》，意为高于树梢之上。以此名亭，谓亭秀出林木也；在雨花台建木末亭，还有另外一层含义，因为在木末亭畔，有泰伯祠、有南宋杨

邦口剖心处，有明代大学士方孝孺墓，有海瑞祠、曹公祠遗址等，"木末风高"有称赞历代志士仁人高风亮节之意。武中奇书写的"木末风高"、赵绪成书写的"金陵胜景"贴金匾额高悬亭中。刘浚川、季伏昆书写的"木末亭"以及言公达、张杰、王福成等挥就的楹联妆扮着古朴的亭台廊柱。台上的隔断木壁西边刻制凌文铨手书六首吟咏木末亭的古诗，东厢缕刻六幅古梅。两侧镶有古石刻。底台十二块石刻线刻清朝"金陵胜景"及"木末亭记"。该亭在复建时设计师还巧妙地将日寇侵占南京时在木末亭原址上修建的钢筋混凝土碉堡包含在内，不仅保留了日寇侵占南京的罪证，而且还成为现在木末亭的仓储之地。

雨花台风景区还有一处著名景点为"江南第二泉"，原名雨花泉，泉有二孔，水出地面一米，清冽甘美，色味俱绝，南宋著名爱国诗人陆游到四川任职时途经建康，登雨花台游览，用泉水沏茶，备加赞赏，品为二泉，位列金陵名泉之首。明代赵谦为二泉题匾，"江南"二字为后人所加，现在镌刻在大理石上的"江南第二泉"是当代著名书法家萧娴题写。在江南第二泉上面，是百年老店"二泉茶社"。原茶社为木结构，经白蚁常年侵蚀，已成危房。随着雨花台风景区旅游资源的不断开发利用，为拓展雨花茶的文化特色，2001年，雨花台风景区对二泉茶社实施整体翻修。

梅岗与梅廊是雨花台景区的又一标志性景点。东晋梅岗，又称梅岭岗，东晋初期，胡人压境，都城南迁，豫章太守梅赜带兵抵抗，屯营于此。为了纪念梅赜将军的高风亮节，后人在岗上建梅将军庙，广植梅花，遂称为梅岗。到明清时，这里已形成梅海，与钟山脚下的梅林成为南京东郊、南郊两大赏梅胜地。为重振梅岭雄风，1999年，雨花台风景区在此复建梅岗，由"访梅亭""问梅阁""寒香轩""曲廊"四部分组成，曲折幽深的长廊与周边的千树梅花相映成趣，成为南京市的重要赏梅之地，中国南京国际梅花节的重要分会场。

雨花台还是历代文人墨客乃至帝王将相吟咏之地，从李白、王安石、陆游、朱元璋、康熙、乾隆到鲁迅、田汉、郭沫若、刘海粟，都留下了吟咏雨花台的优美诗篇。

由于雨花台是南京城南的一处制高点，又成为历代兵家必争之地。东晋豫章太守梅颐曾在此抵抗外族入侵；南宋金兵入侵，抗金名将岳飞在此痛击金兵；此后的太平天国天京保卫战，辛亥革命讨伐清兵，抗日战争时"首都保卫战"，都曾在此掀起连天烽火，雨花台也因此逐渐荒芜。

（九）玄武湖景区

玄武湖三面环山，一面临城。钟山雄峙湖东，古城濒临西南，富贵、覆舟、鸡笼山屏列于南，秀峰塔景隔城辉映，朝阳、幕府山绵延湖北，山城环抱，沿湖名胜古迹众多。

玄武湖古称桑泊、秣陵湖、后湖、昆明湖等。相传南朝刘宋年间，有黑龙出现，故称玄武湖。北宋时王安石实施新法，废湖为田，从此玄武湖消失。明代朱元璋高筑墙，玄武湖疏浚恢复，成为天然护城河。现玄武湖公园面积476公顷，其中70%以上面积是水域，环洲、樱洲、梁洲、翠洲、菱洲五块绿岛镶嵌水中。玄武湖位于南京市东北城墙外，由玄武门和解放门与市区相连。1909年辟为公园，当时称元武湖公园，还曾称五洲公园、后湖等。

（十）金牛湖景区

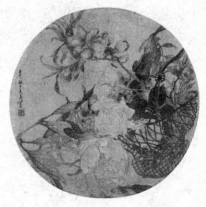

江苏民歌《好一朵茉莉花》的源头——金牛湖旅游风景区位于南京市六合区东北部，东临扬州，北与安徽省天长市接壤，距区中心 18 公里，总面积 25000 亩，享有"南京西湖"之美称。金牛湖四周有金牛山、癞牛山、牛屎山、团山、冶山、尖山群山环抱，湖水碧绿水清如镜、宛如一块碧玉镶嵌在群峰之中，是南京市自然保护区和金陵四十景之一。每当红日初升，湖面浓雾滚滚，云蒸霞蔚，群山忽隐忽现，宛如世外桃源、人间仙境。

金牛湖风景区一期规划总面积 23.5 平方公里，目前是国家 3A 级旅游区、国家水利风景区、省级森林公园、国家级无公害水产品养繁基地和国家地质公园景点之一、南京市十大风景区之一、金陵新五十五景之一。

（十一）莫愁湖景区

莫愁湖景区位于南京城水西门外三山桥西，面积54.32公顷，其中水面33.34公顷，陆地20.98公顷。公园内主要景观有莫愁烟柳、荷莲、海棠、胜棋楼、郁金堂、抱月楼与粤军墓等。传说莫愁湖因莫愁女投水于此而得名。明初，莫愁湖沿湖畔筑楼台十余座，一时热闹非凡，被誉为"金陵第一名胜""第一名湖"。

中国古都

清乾隆五十八年（1793年），重修莫愁湖，并以"莫愁烟雨"列为金陵四十八景之首。郑板桥赞叹其景曰："湖柳如烟，湖云似梦，湖浪浓于酒。"同治十年（1871年），直隶总督曾国藩于此筑楼建亭，广植莲荷，荷花成为莫愁湖一大景观。莫愁湖的瑰丽秀色和美妙传说，令文人墨客倾倒，为之留下许多脍炙人口的诗文。1928年12月14日，莫愁湖辟为公园。日军侵占南京8年，公园一片凋零。1949年后，南京市人民政府数度整修，莫愁湖景观大变，"怡然莫愁"成为新金陵四十景之一。园内有胜棋楼，为明洪武年间建，复建于清同治十年（1871年）。为明清风格的二层楼房，青砖小瓦，建筑面积592.06平方米。相传胜棋楼为明太祖朱元璋与中山王徐达弈棋之处。徐达棋艺超群，而每与太祖对弈均以失子告负，太祖明知就里而不加责备。一日，二人复来此对弈，太祖示意徐达尽使棋艺以决高低。此局自晨弈至午后胜负未决，太祖连吃徐达二子，自以为胜券在握，徐达说："请细看全局。"太祖至徐达一侧，见徐以棋子巧布"万岁"二字，至此朱元璋始服徐达棋艺，乘兴将此楼连同莫愁湖赐与徐达，以表彰其建国功勋。1982年，胜棋楼被定为市级文物保护单位。公园西侧粤军烈士墓为江苏省文物保护单位，始建于1912年，孙中山亲自定名，并手书"建国成仁"碑。

（十二）秦淮风光带

秦淮河是中国南京地区除长江以外最大的河流，被视为南京的母亲河，亦被称为"文化之河"。秦淮河全长100多公里，整个流域2600余平方公里，主要支流有 16 条，流经句容、溧水、江宁、南京等地。

秦淮风光带地处南京城南。内秦淮河由东水关至西水关蜿蜒十里，河房水阁枕河而居，"东园"（白鹭洲公园）"西园"（瞻园）隔河相望，文庙以河为泮，古堡傍河而建，名胜古迹棋布河畔，沿河两岸酒肆茶楼、店铺民宅比邻而居，得美称"十里珠帘"，是欣赏独具魅力的秦淮风光、品尝别具一格的秦淮风味、领略绚丽多姿的秦淮风俗之佳地。夫子庙秦淮风光带位于南京城南，指的是以夫子庙建筑为中心，秦淮河为纽带，东起东水关淮青桥秦淮水亭，越过文德桥，直到中华门城堡延伸至西水关的内秦淮河地带，包括秦淮河两岸的街巷、民居、附近的古迹和风景点，是南京最繁华的地方。

南京在历史上曾经十一次定都，六朝时代，夫子庙地区已相当繁华，乌衣巷、朱雀街、桃叶渡等处，都是当时高门大族所居。在明代，夫子庙作为国子监科举考场，考生云集，因此这里集中了许多服务行业，有酒楼、茶馆、小吃，青楼妓院也应运而生，"桨声灯影连十里，歌女花船戏浊波""画船萧鼓，昼夜不绝"，描写的就是当时秦淮河上的繁华景象。

由于历史的变迁，十里秦淮昔日繁荣景象早已不复存在。1984 年以来国家旅游局和南京市人民政府对秦淮风光带进行了复建和整修，恢复了明末清初江南街市商肆风貌，秦淮河再度成为我国著名的游览胜地。

经过修复的秦淮河风光带，以夫子庙为中心，包括瞻园、夫子庙、白暨洲、中华门，以及从桃叶渡至镇淮桥一带的秦淮水上游船和沿河楼阁景观，集古迹、园林、画舫、市街、楼阁和民俗民风于一体，还有诱人的秦淮夜市和金陵灯会、民俗名胜、地方风味小吃等，使中外游客为之陶醉。

秦淮河风光带 1990 年入选中国旅游胜地 40 佳之列。秦淮风光带主要包括以下夫子庙、明远楼、乌衣巷、媚香楼、瞻园等几个景点。

1. 夫子庙

南京夫子庙是供奉和祭祀我国古代著名的大思想家、教育家孔子的庙宇，其全称是"大成至圣先师文宣王庙"，简称"文庙"。孔子自古被人们尊称"孔夫子"，故其庙宇俗称"夫子庙"。现在的夫子庙

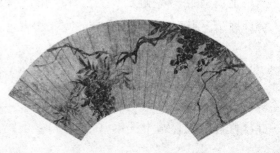

建筑富有明清风格。它以大成殿为中心，从大照壁至卫山，南北成一条中轴线，左右建筑对称，占地 26300 平方米，建筑古朴，雄伟壮观。

夫子庙不仅是明清时期南京的文教中心，同时也是居东南各省之冠的文教建筑群。前面以秦淮河为泮池，南岸有全国最长的照壁。照壁建于明万历三年

（1575 年），全长 110 米，现经过修葺，已重现当年风采。泮池边的石栏为明正德九年（1514 年）所建，现也修饰完整。东有奎光阁，西有聚星亭，象征文风昌盛；庙前广场东西两侧立石柱，上书"文武大臣至此下马"，以示对"至圣文宣王"的崇敬之意。

在封建时代，每逢朔、望（农历初一、十五）朝圣和春秋祭典，府县官员、教谕、训导学教官由大成门进，士子走持敬门，不得逾矩。下阶为丹墀，东西并立三碑，东为元至顺二年（1331 年）封至圣夫人碑，西为四亚圣碑，再西为清康熙修学宫碑记。丹墀左右为两庑，外有走廊通正殿。两庑供奉孔门的七十二贤人牌位。正中为大成殿，外有露台，是春秋祭奠时舞乐之地，三面环以石栏，四角设有紫铜燎炉，燃桐油火炬，祭祀多在午夜子时，光如白昼。殿内正中供奉"大成至圣先师孔子位"，左右配享四亚圣——颜回、曾参、孟轲、孔汲。殿的东边有小门通学宫。孔庙院墙与学宫之间，东西北三面有宽畅的通道，曾种植几百棵柏树，古木参天，郁郁苍苍。在庙外的文德桥上凭栏眺望，大成殿的黄色琉璃瓦屋顶在绿荫丛中显得金碧辉煌，雄伟壮观。殿后为明德堂，相传匾额为南宋文天祥楷书，后由曾国藩改为篆书。堂后为尊经阁，阁原为教谕讲课讲堂，楼上藏有大量儒教典籍的刻板和诸多圣贤画像。"一带秦淮河洗尽前朝污泥浊水，千年夫子庙辉兼历代古貌新姿。"这是南京夫子庙重建的思乐亭石柱上镌刻的一幅楹联，它把秦淮河的清姿丽质和夫子庙的建设新貌含蓄而充分地展示出来，给游人以无穷的回味和遐思。

2. 明远楼

明远楼高三层，为四方形，飞檐出甍，四面皆窗，是用以监视应试士子入贡院考试情况的栋宇。明远楼为江南贡院的中心建筑，据《贡院碑刻》所载：此楼修建于明嘉靖十三年（1534 年），虽距今已有 460 多年历史，但仍保存完

好，它是我国目前所保留的最古老的一座贡院考场建筑。"明远"二字，取自于《大学》中"慎终追远，明德归厚矣"一句。此楼高三层，底层四面为门，楼上两层四面皆窗，站在楼上可以一览贡院全貌，它在当时起着号令和指挥全考场的作用。此外，每逢中秋佳节，监临、提调、巡察等官员还可登楼赏月，品茗行吟，凭窗眺望那名闻遐迩的秦淮灯火。

江南贡院位于南京城南秦淮河边，毗邻夫子庙，它东接桃叶渡，南抵秦淮河，西邻状元境，北对建康路，是中国古代最大的科举考场。整个贡院呈正方形，内有号舍20644间，每次考试可容纳2万多人。

3. 乌衣巷

在夫子庙文德桥南，三国时孙吴的卫戍部队驻扎于此，因官兵皆身穿黑色军服，所以其驻地被称为乌衣巷。乌衣巷地处秦淮河畔，是六朝有名的商业区和王公贵族的住宅区。东晋时王导、谢安两大家族，都居住在乌衣巷，人称其子弟为"乌衣郎"。入唐后，乌衣巷沦为废墟。今日乌衣巷为民间工艺品的汇集之地，周围布满了各色小吃店铺。

4. 媚香楼

媚香楼是李香君的故居。李香君是名著《桃花扇》中的秦淮名妓，传说实有其人，故媚香楼又叫李香君楼。媚香楼位于南京秦淮河南岸，左牵文德桥，右携来燕桥，南望乌衣巷，北依夫子庙。媚香楼坐落在夫子庙钞库街38号，秦淮河畔来燕桥南端，是三进两院式宅院。全院尽现书法、绘画、楹联、篆刻、假山、塑像和园林小景、石刻砖雕、壁画挂灯等艺术精品，供游人观赏。秦淮河自古就是豪门贵族、官僚士大夫寻欢作乐、醉生梦死的"金粉"之地。唐代诗人杜牧曾经目睹秦淮河的灯红酒绿、笙歌艳舞而写下一首《泊秦淮》："烟笼寒水月笼沙，夜泊秦淮近酒家。商女不知亡国恨，隔江犹唱后庭花。"以感慨晚唐达官贵人的腐朽生活。其实秦淮河边并不只有不知亡国恨的商女，明清时期

还有心存民族节气、名扬天下的"秦淮八艳"。这八艳指的是顾横波、董小宛、卞玉京、李香君、寇白门、马湘兰、柳如是、陈圆圆，其中除了马湘兰以外，其余的都经历了由明到清改朝换代的大动乱。李香君是秦淮一颗璀璨的明珠，秦淮八艳之一。这位出身秦淮名妓的下层妇女之所以受人仰慕，不在其花容月

貌，而在于她有着强烈的正义感、爱国心和高尚的情操，显示出难能可贵的精神。她"出污泥而不染，濯清涟而不妖"，眷怀故国。

5. 瞻园

明初，朱元璋因念功臣徐达"未有宁居"，特给中山王徐达建成了这所府邸花园，清代乾隆皇帝南巡时，题书"瞻园"二字，遂名瞻园。1853 年太平天国定都天京后，这里先后为东王杨秀清和夏官丞相赖汉英的王府花园。

园内的主体建筑是静妙堂，它一面建在水上，宛如水榭。该堂把全园分成两部分，南小而北大，北寂而南喧，南北各建一假山和水池，以溪水相连，有聚有分，水居山前，隔水望山，相映成趣。瞻园又以石取胜，造景效果与实用功能巧妙结合，"妙境静观殊有味，良游重继又何年"。瞻园虽小，特色独具，发人遐思，是江南名园之一。瞻园布局典雅精致，小巧玲珑，曲折幽深。瞻园素以假山著称，全园面积仅 8 亩，假山就占了 3.7 亩。园中有三座各具风姿的假山，为明代遗物。瞻园位于夫子庙西，是南京现存两座古典园林之一（另一座是天王府中的煦园，建于明初。后来乾隆南巡时曾驻跸于此）。

（十三）沿江风景带

1. 南京长江大桥

南京长江大桥建成于 1968 年，是长江上第一座由中国自行设计建造的双层式铁路、公路两用桥。公路桥全长 4589 米，宽 19.5 米，铁路桥蜿蜒达 6772 米，是我国桥梁之最。正桥的路栏上，镶嵌着 200 幅浮雕，正桥的两端建有 4 座高 70 米的桥头堡。南北两岸的公路引桥由富有民族特色的双曲拱桥组成，人行道上树立着 150 对玉兰花灯组，洁白雅致。每当夜幕降临，华灯齐放，绵延十余里，"疑是银河落九天"。

2. 燕子矶

燕子矶位于南京郊外的直渎山上，因石峰突兀江上，三面临空，远望若燕子展翅欲飞而得名。它是长江三大名矶之一。直渎山高 40 余米，南连江岸，另三面均被江水围绕，地势十分险要，雄踞于山上的燕子矶是观赏江景的最佳去处。登临矶头，看滚滚长江，浩浩荡荡，一泻千里，蔚为壮观。西面南京长江大桥如彩虹横跨江上，尤其是月夜，皓月当空，江面波光粼粼，江帆点点。在燕子矶西南方沿江的悬崖上有若干个石灰岩溶洞，古时游记中称为"岩山十二洞"，其中主要的有头台洞、观音洞、二台洞和三台洞。头台洞距燕子矶约一公里，洞内钟乳石奇形怪状，观音洞与之毗邻，其他诸洞景观亦大同小异。

燕子矶附近有弘济寺、观音阁，寺废阁存。岩山原有 12 洞，大都是悬崖绝壁被江水冲击而成。现在只有头台洞、二台洞、三台洞比较有名。其中以三台洞最为深广曲折。洞中有观音泉、小有天等名胜；洞右有石梯，可达一线天；再上有石阶百级，飞阁凌空，别开境界。

（十四）白鹭洲公园

白鹭洲公园占地约 270 亩，其中水面约 70 亩，原为明中山王徐达的东花园，所以又名徐太傅园、徐中山园、东园。园内以大水面为中心，溪水将全园分为五个景区，尤以白鹭岛和东园故址两景区最为秀丽。白鹭岛上建有白鹭亭，是眺望全园景色绝佳处。它是一个以桥为特色的园林，园内宛如襟带的小桥竟有 15 座之多，其中有典雅玲珑的独孔桥、三孔桥、七孔桥，还有四角重檐的亭桥等。解放前夕，此地已沦为一片废墟。1951 年结合秦淮河整治，挖湖堆山，广植花木，新建了烟雨轩、话雨亭等园林建筑，园容初具规模，1976 年建成开放。重建后的白鹭洲公园，以中国自然山水园为主格调，建筑采用明清江南园林的传统风格，与夫子庙地区明清风格的建筑群互为映衬，相得益彰。近来又建成集惊险、刺激、健身、消暑为一体的水上乐园，为游人提供了新的旅游场所。白鹭洲公园紧邻夫子庙闹市区，是闹中取静的好去处，犹如镶嵌在夫子庙秦淮风光带上的一颗璀璨明珠。

（十五）石头城遗址

石头城遗址位于南京城西干道虎踞路 87 号，清凉山西侧。公元前 333 年，楚威王置金陵邑于此，筑城石头山。据传说当年楚王见这一带有王气，所以埋金以镇之，所以该城名为"金陵邑"。当时此城下临长江，地势险要。东汉建安

十七年（212 年），孙权改秣陵为建业，在金陵邑故址石头山上修筑石头城，内设石头仓、石头库，以存储军械、粮食等物资。城墙夯土而成，全长"七里一百步"，东有二门，南有一门，西为临江峭壁，无门。该城是长江上著名的要塞，控制着秦淮河入江河口，是建康城的西大门。因此，石

头城成为各方势力的必争之地，围绕它曾多次发生战争。石头城南建烽火台，为军事重镇。东晋义熙年间，以砖筑城，建"入汉楼"，仍为军事重镇。隋文帝平毁建康城后，石头城失去战略地位，加之长江河道逐渐西移，到唐朝中期已基本废弃。五代十国时，杨吴重建金陵城，但没有重建石头城。唐末再修石头城，依山筑城，因江为池，形势险要，古有"石城虎踞"之称。明洪武十九年（1386 年）筑南京古城将其围在城内，今城垣尚存，烽火台、征虏亭遗迹尚可寻。1992 年在遗址上建石头城小公园对外开放。

石头城现位于清凉山公园西侧，城头有一块红色砾岩，状如鬼脸，人称"鬼脸城"。相传为古石头城遗物，与城下水塘构成金陵四十八景之一的"鬼脸照镜"。

（十六）南京城墙

南京城墙为明代城墙，它东傍钟山，西据石头，南凭秦淮，北控后湖，周长 48 公里，现存约 21 公里。明城墙为明太祖朱元璋听取朱升"高筑墙"的建议建造，建于明太祖洪武七年至十一年（1374—1378 年），这是世界上现存最长的城墙，也是中国少有的保存良好的古代城墙，是南京现存最大的古代建筑。

中国古都

在冷兵器时代，城墙无疑是国家最重要的防御工事。城墙的坚固与否，不只体现着王权的威仪，更直接关系到社稷的安危，所以，历朝历代的最高决策者在筑造城墙时，始终将工程质量视为头等大事，丝毫不敢懈怠。然而，历经沧桑变幻，曾经雄奇伟岸一时的城墙，大多没能经受住岁月的检验，最终湮灭于炮火或风雨中。在中国古代的城墙中，朱元璋亲自监理的南京明城墙，不仅是当时世界上最长的城墙，也是迄今世界上最坚固的城墙之一，历六百多年风雨而未倒，今天依然固若金汤。明城墙安若磐石的秘密在于它的修建过程中严格的质量管理。从现代企业管理的角度来看，明城墙堪称卓越质量管理的典范。

南京城初成时共有四重城墙，由外向内分别为外郭（外城）、内城（京城）、皇城和宫城，现在所说的南京城墙指内城城墙。外郭为土筑，原有18座城门，周长约60公里，早已湮没无存，仅余城门的地名流传至今。内城为"土筑砖包"，夯土筑成的城墙外由城砖或条石包砌。内城因地形而建，呈不规则状，突破了以往都城为方形的城制，其周长据现代测量为35.267公里。内城原本开有13座城门，与外郭城门合称"里十三，外十八"。内城在20世纪50年代时仍大体完好，但是在其后20年间遭受严重破坏，现存长度仅为原来的三分之二。内城原有13座城门，历经战火、破坏以及改建之后，现存的明代城门还有聚宝门（中华门）、石城门（汉西门）、神策门（和平门）和清凉门，其中除神策门还保留有清朝时修建的城楼之外，其他城门的城楼都已无存。皇城与宫城现在仅有午朝门、西安门和西华门等少数几处遗迹留存。

1373年6月21日，明朝皇家档案记载明城墙长度为"周一万七百三十四丈二尺"，折合今制为34.349公里；2005年江苏省测绘局与南京市文物局合作利用新测量技术进行的最新测定显示，明城墙筑造完成时长度为35.267公里。

南京城墙保存下来的部分大约有21公里，仍然是中国城市中最长的城墙。但是由于被分割为不相连接的几段，完整性不及西安城墙。

（十七）珍珠泉

在六朝古都金陵，临扬子江北眺，可见青山隐隐，遥相横卧。明代即蜚声大江

南北的"江北第一游观之所"，南京市唯一的省级旅游度假区——南京珍珠泉旅游度假区，就掩映在这群峰叠翠之中。

珍珠泉旅游度假区占地 14.8 平方公里，与国家级南京高新技术开发区、南京海峡两岸科技工业园相邻，并与 312、328、104 三条国道相连，地理位置优越，交通十分便捷。奇泉是这里最具特色之处，尤以"珍珠泉"一泉三景的独特景观久负盛名。

相传明万历年间，金陵大旱，唯浦口以西一带因得益于珍珠泉水，农作物依然丰收，当地农民居然不知旱情。当时人们认为这是龙王爷的保佑，纷纷捐资兴建龙王阁及其他园林建筑，以表示对龙王的感谢，这就是珍珠泉的由来。

进入景区大门，左边不远处就是珍珠泉的泉眼，泉水从石缝中涌出，酷似成串的珍珠，因此得名。泉边石壁上有古人刻下的"万斛明珠"四字。泉眼前是一个水池，远远望去，池中水珠像雨点在水面跳溅，如同晴天细雨，故称晴雨泉。如在此鼓掌或唱歌，则池中水珠又随声音大小而变化，是极为罕见的自然声控喷泉，其状仿佛喜迎宾客，又称"喜客泉"。右边是一大片水域，称镜山湖，现在有竹筏可供游人乘坐，观赏湖光山色。湖右岸是我国珍稀动物扬子鳄养殖场。泉眼后面是定山阁餐厅，餐厅后建有骆驼园、跑马场，供游人观赏、乘坐。左边有射箭场和野营服务中心，如在夏日可租帐篷去山坡草地上野餐烧烤，露宿帐中领受大自然风情的沐浴，尽享闲情野趣。

（十八）南唐二陵

中国五代南唐先主李昪及其妻宋氏的钦陵和中主李璟及其妻钟氏的顺陵，位于江苏江宁牛首山南麓。

钦陵全长 21.48 米，分前中后 3 个主室及 10 个侧室。前中室为砖砌，后室为石筑，均为仿木结构，在墓门上和壁面砌凿出柱、枋和斗拱，上有彩绘。后室顶部绘天象，地面刻凿象征地理的河川；进门处上方刻双龙戏珠，门两侧有披甲持剑武士石雕像。若从远处纵观群山，形如一条游龙，祖堂山乃龙首，南

中国古都

唐二陵正位于龙口位置，显然，这是精心选择的皇家风水宝地。

南唐二陵相互毗邻，东依红山，北靠白山，西临山谷，而南面是开阔的山坡地。南唐二陵均系依山为陵，相距约 100 米。李昪及其皇后宋氏的合葬陵居东，称为钦陵，建于 943 年。李璟及其皇后钟氏的合葬陵居西，称为顺陵，建于 961 年。李昪陵因建于南唐国势强盛时，故规模较大，随葬品较丰富；李璟陵则建于南唐国势衰弱时，规模略小，随葬品亦不丰富。南唐建都于金陵（937—975 年），又是五代十国时期南方的一个经济文化相当发达的国家，中主李璟和后主李煜还都是我国文学史上著名的词人，南唐画院亦著称于世，但南唐的遗迹留存者很少，所以这两座地下宫殿的建筑、彩画、雕刻，以及出上的陶俑等遗物弥足珍贵。

（十九）天王府

天王府原为朱元璋所建的汉王府，清王朝把这里辟为两江总督署衙门。1853 年 3 月，太平军定都南京，5 月开始在原两江总督衙门的基础上修建天王府。这是天王洪秀全于 1853 年 3 月 29 日进入南京后，为自己修建的一组豪华壮丽的宫殿建筑。洪秀全没有选中位于南京城东部原来明朝的宫殿，而是在城市中部以两江总督衙门为核心向外扩建。新宫殿于 5 月动工，征用数万工匠，日夜赶工，半年建成。新宫殿的地基不仅占用了原来的两江总督衙门、江宁织造衙门等，还拆除了附近不少街道和民房。新宫殿建成不久便发生火灾烧毁，于是 1854 年春重建，规模更大。建成内外两道宫城：外城为太阳城，有钟鼓楼、天父殿、御河、朝房等；内城为金龙城，有金龙殿等三大殿，后宫有七八进，筑有 5 层高楼，是后宫佳丽们的住处。东西两侧都建有富丽堂皇的花园。

洪秀全自从搬进天王府后，一直深居简出，极少离开，直到 1864 年 6 月 1 日城破前夕在这里去世。7 月 19 日，湘军攻破天京，太平军放火烧城，湘军在大肆抢劫后也到处纵火。整个宫殿基本被焚毁，只剩下少数遗址，如西花园中的石舫。1870 年，曾国藩又在此重建两江总督衙门。1912 年初，孙中山的临时大总统办事处设在西花园。1927 年，蒋介石在此建立国民政府。现在这里是中国近代史博物馆。

（二十） 中山陵景区

中山陵是伟大的民主革命先行者孙中山先生的陵墓，坐落在南京市东郊钟山东峰小茅山的南麓，西邻明孝陵，东毗灵谷寺，整个建筑群依山势而层层上升，气势宏伟。

1925 年 3 月 12 日，孙中山在北京因肝癌逝世。逝世前一天下午，他向宋庆龄、汪精卫等人提出："吾死之后，可葬于南京紫金山麓，因南京为临时政府成立之地，所以不可忘辛亥革命也。"早在 1912 年 3 月，孙中山在紫金山打猎时就曾对胡汉民说："等我他日辞世后，愿向国人乞此一抔土，以安置躯壳尔。"

中山陵前临苍茫平川，后踞巍峨碧嶂，气象壮丽。中山陵坐北朝南，其中祭堂为仿宫殿式的建筑，建有三道拱门，门楣上刻有"民族、民权、民生"横额。祭堂内放置孙中山先生大理石坐像，壁上刻有孙中山先生手书《建国大纲》全文。

整个墓区平面如铎形，取"木铎警世"之意。钟顶为山下半月形广场，广场南端的鼎台（现改为孙中山的立像）为钟纽，钟锤就是半球形的墓室。"鼎"在古代是权力的象征，因此整个大钟含有"唤起民众，以建民国"之意。陵坐北朝南，傍山而筑，由南往北沿中轴线逐渐升高，依次为广场、石坊、墓道、陵门、碑亭、祭堂、墓室。整个陵墓用青色的琉璃瓦，青色象征青天，也符合中华民国国旗的颜色——青天白日满地红。青天象征中华民族光明磊落、崇高伟大的人格和志气。青色琉璃瓦含"天下为公"之意，以此来显示孙中山为国为民的博大胸怀。

南京解放后，刘伯承任市长时，特地从湖南运来 2 万株杉树和梧桐树，种植在这里。30 多年来，中山陵园经不断整修拓新，整个园林面积达 3000 多公顷。陵墓周围，郁郁葱葱，景色优美。

（二十一）总统府

总统府迄今已有 600 多年的历史。明朝初年曾是归德侯府和汉王府。清朝为江宁织造署、江南总督署、两江总督署。清朝康熙、乾隆皇帝下江南时均以此为"行宫"。1853 年 3 月太平军占领南京，定都天京，洪秀全在此兴建了规模宏大的太平天国天朝宫殿（天王府）。清军攻破南京后，焚毁宫殿建筑，于同治九年（1870 年）重建了两江总督署。林则徐、曾国藩、李鸿章、刘坤一、沈葆桢、左宗棠、张之洞、端方等历任两江总督都曾在此任职。

1912 年 1 月 1 日，孙中山在此宣誓就任中华民国临时大总统，并组建了中华民国临时政府。

（二十二）梅园新村

中国共产党代表团梅园新村纪念馆，位于江苏省南京市城东长江路东端的梅园新村街道两侧，由中共代表团办事处旧址、国共南京谈判史料陈列馆、周恩来铜像、周恩来图书馆等组成，属于近现代历史遗迹及革命纪念建筑物。

梅园新村 30 号是周恩来、邓颖超办公和居住的地方，有 2 层楼房 3 幢，共18 间，占地面积 431.75 平方米，建筑面积 361.1 平方米。主楼楼下有办公室、会客室、卧室、餐室等，楼上设有机要科等。为防止特务的监视和破坏，中共代表团将院墙加高了一倍，并在传达室和后边西晒台上各加盖了一层小楼。院内的翠柏、石榴、铁枝海棠、葡萄和蔷薇都是当年中共代表团留下的，整个院内依然保持着原来的风貌。

四、南京的饮食、民俗和特产

（一）饮食

　　南京的饮食以京苏菜（金陵菜）和清真菜闻名。金陵菜的四大名菜包括松鼠鱼、蛋烧卖、美人肝、凤尾虾。制作金陵大菜的知名菜馆有绿柳居菜馆、马祥兴菜馆等。

　　由于南京人嗜食鸭、鹅，南京最受欢迎的食物是以鸭、鹅制作的各种食品，包括桂花盐水鸭、南京板鸭、鸭血粉丝汤、鸭肫干、东山烧鹅等等。南京人饮食的另一特点是各种野菜大受欢迎，包括芦蒿、菊花脑、马兰头、枸杞头、荠菜、马齿苋、鹅儿肠、香椿头（又称为"旱八鲜"）。此外还有所谓"水八鲜"，是指鱼、菱、藕、茭瓜、茨菰、鸡头果、莲蓬、水芹。南京小吃的品种也比较丰富，包括旺鸡蛋、活珠子、鸭血粉丝汤、牛肉粉丝汤、鸭油酥烧饼、开洋干丝、鸡汁回卤干、卤茶鸡蛋、尹氏鸡汁汤包、糯米藕、五香鹌鹑蛋、梅花糕、桂花糖芋苗、豆腐脑、桂花赤豆元宵、凉粉、五香豆等等。南京小吃主要的集中地有夫子庙、狮子桥（在湖南路附近）、甘家大院等，其中夫子庙地区的奇芳阁、魁光阁、蒋有记、永和园、六凤居都是南京小吃的传统名店，制作的特色小吃称为"秦淮八绝"。刘长兴面馆则是南京著名的面馆。百年老字号韩复兴是南京著名的盐水鸭和板鸭店。

　　1. 盐水鸭

　　据称盐水鸭已有一千多年的历史。但是按照文字记载，盐水鸭迟至明朝初年方才出名。清朝，盐水鸭已流行于南京城，逐渐成为南京一道名菜。盐水鸭

中国古都

的制作方法分为三道工序：首先，原料用高邮一带出产的湖鸭一只，宰杀后去脚爪、翅尖，在右翅窝下开一口，除去内脏、食管、气管，用花椒和精盐炒热后涂抹全身内外，腌制90分钟；其次放入清卤，继续腌制4小时；最后在锅内放入清水、葱、姜、八角，将鸭头下脚上放入，煮20分

钟，将鸭提起一次，如此四次约80分钟后，再盖上盖子，焖烧20分钟，取出后冷却切盘食用。制作盐水鸭要注意所用原料鸭不能过大、过肥。盐水鸭一旦制成后皮白肉嫩、肥而不腻、肉色微红、清香扑鼻。一般以中秋前后制成的为佳，称桂花鸭。清末文人张通之在所著《白门食谱》中解释其名："金陵八月时期，盐水鸭最著名，人人以为肉内有桂花香也。"许多人常常将盐水鸭和板鸭混淆，其实这是一个误解。盐水鸭腌制时间不长，不易长期保存，需要现做现吃。而板鸭则腌制时间长得多，又是生制，故可以长期保存，所以在真空包装技术出现之前，南京之外的旅客多购板鸭，作为土特产带回家。故板鸭之名远扬，而盐水鸭之名不显。

2. 鸭血粉丝汤

鸭血粉丝汤是南京的一种小吃，在当地非常著名。主料是切成小块的鸭血（有时也用猪血代替）和粉丝，其他配料包括豆腐果、虾米、鸭内脏（包括鸭胗、鸭肠、鸭肝等等）、精盐、葱姜丝、味精、香油、香菜等等。制作时一般先将预先备好的配料放入碗中，将粉丝放在专门编制的勺内置于正在加热的汤内煮熟至透明，将粉丝起出与配料放在一起，最后加入特制的汤料。与牛肉粉丝汤类似，鸭血粉丝汤一般都是街头零散的贩卖，在夫子庙等小吃店集中的地方也有兼售鸭血粉丝汤的店铺。有些鸭血粉丝汤店铺同时销售汤包、春卷等小吃。鸭血粉丝汤正式问世的时间并不长，应该是近几十年出现的。原来南京人喝鸭血汤，即在清汤里加入鸭血及一些佐料。后经顾客与厨师的创新，将清汤换成高汤，而同时在其配料里面添加了粉丝、鸭内脏与香菜、葱、姜等，这便是现在的鸭血粉丝汤。比较有口碑的小店有"回味""尹氏鸡汁汤包"等。

3. 旺鸡蛋

又名鸡仔蛋、毛鸡蛋、活珠子，毛蛋，江浙一带又称喜蛋，是一种小吃。

传统上指将孵化失败的鸡蛋用清水煮熟，剥壳炒熟，蘸精盐食用。其中，活珠子特指经传统工艺孵化发育 7 天左右的草鸡胚胎，因其发育中的囊胚在透视状态下形如珍珠，故而得名。

4. 状元豆

状元豆是南京夫子庙的特色小吃之一。相传清乾隆年间，居住在城南金沙井旁小巷内的寒士秦大士，因家境贫寒，每天读书到深夜，其母就用黄豆加上红曲米、红枣煮好，用小碗把豆子装好，上面加一颗红枣给他吃，并勉励他好好读书，将来好中状元。后来，秦大士中了状元，此事传开，状元豆便出了名。一些小贩就利用学子的这种心理，在夫子庙贡院附近卖起了状元豆，衬口彩说"吃了状元豆，好中状元郎"。状元豆实际上就是五香豆，和五香蛋一样，五香豆入口喷香，咸甜软嫩，细细品尝，趣味横生，由于烹制入味，一般色泽呈紫檀色，入口富有弹性，香气浓郁，吃起来让人停不住嘴。

5. 干丝与烧饼

南京人喜食的小吃品类众多。如小笼包子、拉面、薄饼、葱油饼、豆腐涝、汤面饺、菜包、酥油烧饼、甜豆沙包、鸡面干丝、春卷、烧饼、牛肉汤、小笼包饺、压面、蟹黄面、长鱼面、牛肉锅贴、回卤干、卤茶鸡蛋、糖粥藕等。其中，干丝与烧饼是南京人最喜欢的大众化食品之一，市民百姓少它不得，达官显贵也常拿它来调换口味，因此，当年南京的大小菜馆，无不兼营干丝、烧饼。到茶馆去吃东西，都是先上干丝，再吃其他，专卖清茶的茶馆是没有的。

南京干丝有一套独特的制做方法，那些嫩而不老、干而不碎的干丝，均为豆腐店特制而成，切丝细、麻油香、酱油上乘（当地谓之"三伏抽秋"酱油）。原先的南京干丝有素汤素煮和荤油肉丝几种，民国以后，新品种不断增加。在清真寺有烧鸭干丝、开洋干丝等；在荤菜馆有春笋干丝、冬菇干丝、蟹黄干丝、鸡肉干丝等。

既卖干丝，就要兼卖烧饼，当年南京烧饼以"蟹壳黄"最为叫座。它形如螃蟹，颜色如煮熟的蟹壳。这种烧饼用精白粉作原料，使碱适中，水温一定，揉面细致，馅子考究，入炉火候适当，故而质量不同凡响。

6. 秦淮八绝

旧时形容秦淮河的青楼文化时有一说法叫做"秦淮八艳"。其实在南京的饮食文化中也有一与之相对应的"秦淮八绝"。此"秦淮八绝"指的是南京八家名小吃馆的十六道名点，分别为：

魁光阁的五香茶叶蛋、五香豆。

永和园的蟹壳黄烧饼、开洋干丝。

奇芳阁的鸭油酥烧饼、麻油干丝。

六凤居的葱油饼、豆腐脑儿。

奇芳阁的什锦菜包、鸡丝面。

蒋有记的牛肉锅贴、牛肉汤。

瞻园面馆的薄皮包饺、红汤鲍鱼面。

莲湖糕团店的五色小糕、桂花夹心小元宵。

（二）民俗

南京的传统习俗最为著名的有爬城头（踏太平）、食乌饭，跳五猖、长芦龙灯、金陵灯会，白局等。

1. 爬城头

老南京人到今天为止，还有着"正月十六爬城头"的习俗。从明代迄今，六百多年代代相传。甘熙曾在《白下锁言》一书中写道："岁正月既望，城头游人如蚁，箫鼓爆竹之声。远近相闻，谓之'走百病'，又云'踏太平'。聚宝、三山、石城、通济四门为尤盛。"可见清朝时南京人每逢正月十六爬城头风气甚盛。"游人如蚁"是形容爬城头的人很多。通济门，在七里街一带，早已不存在了。聚宝，即中华门。三山，乃水西门，城门早已拆除。而今南京人爬的城头一是中华门城堡，二是武定门白鹭洲公园一段到东关头，当然，挹江门、台城中山门也可以上去看看。这个风俗习惯之所以流传几百年而不断，乃是有其"科学根据"。正月过大年，家家户户吃得好，正月十六出去走走，有助消化，在城头上走走，运动半天，漫步城头之上总是对人的健康有益的，"走百病""踏太平"也不是凭空而言。

2. 食乌饭

在南京的传统习俗中，每年农历四月初八，家家都要吃乌饭。为什么要吃乌饭呢？据说从前有个老太太爱吃烤鹅，每次要吃鹅，就在巷子里放上烧红的铁板，巷子两头，一头放碗酱油，一头放碗香醋。把鹅赶进巷子里，烫得鹅两头奔跑，跑到这头吃口酱油，跑到那头吃口香醋，不一会儿就成了烤鹅。老太太死了后，阎王把她打入地狱，罚她下油锅，走滑油山。她的儿子就是有名的目连和尚。目连和尚知道妈妈在阴间受苦，常送饭给妈妈吃，但每次送去都被许多小鬼抢光，妈妈根本吃不到。目连到山上采了乌饭草，泡成黑水，煮了饭送去。阴间小鬼一看饭是黑的，不敢吃，母亲这才吃到。

后来人们为了纪念目连这个孝子，"吃乌饭"的习俗就流传了下来。每年四月初八，当地人互相赠送乌饭。如果村里有人去世，初八那天，大家会把乌饭送到死者家里，表示悼念。所以每到四月初，村里的年轻人就到几十里远的馒头山上采集乌饭草，除了自己家烧乌饭用的之外，余下的挑到镇上去卖。

3. 跳五猖

南京民间"跳五猖"具有悠久的历史，它在楚文化的基础上产生并附有傩戏驱邪纳祥的性质。"五猖"人数之多，道具华盖、面具、服饰都以红、蓝、黄、黑、白五色相配，其意分别代表东、南、西、北、中五方天帝，又暗合木、

火、金、水、土五行之色。表演时，身着古装的村民按各自角色挑篮、扛旗、敲锣、打鼓，鞭炮齐鸣，一派欢腾景象。出场由 5 个手持华盖的壮汉入场站定，接着 4 名衣着袍服、头戴面具、步态不一的表演者排成一字上场。他们分别代表道士、土地爷、和尚、判官等 4 位为民请命的当方"地神"。而随后入场的身穿铠甲、肩插金翎、手持双刀的 5 位才是真正的主角——"五猖者"，众多表演者在场上或行、或舞、或趴、或跃，跳着各种寓意的舞蹈，其中有祈求吉祥和平的排字"天下太平"等阵式，最多时上场表演者达 100 余人。

4. 金陵灯会

金陵灯会亦称秦淮灯会或夫子庙灯会，是广泛流传于南京地区的一种民间传统习俗活动。现在指每年春节至元宵节期间南京夫子庙举办的大型灯彩展览

会，是中国最著名的灯会活动之一。元宵节是金陵灯会的观灯最高潮。春节观灯是南京的传统习俗之一，南京人有句俗话："过年不到夫子庙观灯，等于没有过年；到夫子庙不买张灯，等于没过好年。"

5. 白局

南京白局又称白曲，白曲原名百曲，起源于六合乡村，是由云锦生产织工在生产过程中的一种说唱演变而来。它以江苏小调为基础，揉进秦淮歌妓弹唱曲调，唱腔丰富多彩。白局表演一般一至两人，多至三五人，说的全是南京方言，唱的是俚曲，通俗易懂、韵味淳朴、生动诙谐、亲切感人，是一种极具浓郁地方特色的说唱艺术。据有关资料载，元曲曲牌中的"南京调"系白局的古腔本调，又称数板或新闻腔，白局有七百多年的历史。中国著名的民歌《茉莉花》原为《鲜花调》《闻鲜花》，就是白局中的一个曲调，已经有600多年的历史。

（三）特产

南京著名的特产有云锦、雨花石、金箔、金陵折扇、南京板鸭、盐水鸭(桂花鸭)、芦蒿和大萝卜等。

1. 云锦

云锦为南京丝织特产，因其绚丽多姿，美如天上云霞而得名。云锦是锦的一种，"锦"是古代丝织物中代表最高技术水平的织物。南京云锦被古人称作"寸锦寸金"，为中国古代三大名锦之一。

云锦有约1600年的历史，南京丝织业发端于东吴，东晋义熙十三年（417年）设锦署，被认为是云锦正式诞生的标志。从元代开始，云锦一直为皇家服饰御用贡品。清代设有"江宁织造署"。现设有南京云锦研究所。

2001年，南京云锦正式申报"人类口头和非物质遗产"。

2. 雨花石

雨花石是南京雨花台砾石层出产的各种彩色观赏卵石，特别是玛瑙。广义的雨花石也包括本地区出产的其他具有观赏性的化石、纹理石，如水晶、玉髓和蛋白石等。也有人不论产地，将这类观赏石都称为雨花石。

3. 金箔

人们对黄金的赞美中常常也在无形中体现了黄金的特殊工艺，如："金枝玉叶""金碧辉煌"，所描述的就是黄金工艺的一个重要品种——金箔。黄金性质稳定，永久不变色、抗氧化、防潮湿、耐腐蚀、防变霉、防虫咬、防辐射，用黄金制成的金箔具有广泛的用途。古法制金箔是先将金提纯，再经千锤百炼的敲打，制成面积非常小的金叶，然后夹在用煤油熏炼成的乌金纸里，再经6—8小时的手工锤打，使金叶成箔，面积相当于金叶的40倍左右，再裁成方形即成。金箔是中华民族传统的工艺品，源于东晋，成熟于南朝，流行于宋、齐、梁、陈，今南京龙潭地区（江宁）是金箔的发源地。

 中国古都

五、南京的文化

（一）方言

南京大部分地区通行的南京话属于江淮官话淮西片，高淳县西部、溧水县南部部分地区的方言则属于吴方言太高小片。南京地区在历史上曾通行吴地语言。晋朝时，衣冠南渡的中原汉族带来的洛阳音和南京本地吴音融合形成了金陵音。中古汉语音系的代表《切韵》就是在金陵和洛下的读书音基础上编订的。

（二）文学

1.六朝时期

南京是六朝文学的中心。东晋永明八年（409年），诗人谢朓在《入朝曲》中写下了"江南佳丽地，金陵帝王州，逶迤带绿水，迢递起朱楼"诗句。本诗写金陵帝都的富丽繁华和心系功名的进取精神。昭明太子在此编纂《文选》，刘勰在此写《文心雕龙》……一些学者认为，六朝时期的文学传统为南京留下了"古典的金粉，魅惑的色泽，散淡而潇洒，风流而靡弱"的气息，使南京成为今日研究六朝文学的首选之地。

2.唐宋

南京作为一座荒废的前朝都城，仍旧吸引了众多的诗人墨客流连此地，感叹世间的变化。众诗人中，李白对南京感情尤盛。李白曾寓居各地，在金陵停留的时间最长。李白写南京诗歌近200首，题目包含"金陵"的就不下20首，其中著名的诗歌有《长干行》《登金陵凤凰台》《金陵酒肆留别》。安史之乱后，李白还建议迁都金陵，写下了《为宋中丞请都金陵表》。金陵怀古诗成为唐朝一大体裁，如诗人刘禹锡怀古组诗《金陵五题》中的第二首诗《乌衣巷》："朱雀桥边野草花，乌衣巷口夕阳斜。旧时王

谢堂前燕，飞入寻常百姓家。"以及《西塞山怀古》："王浚楼船下益州，金陵王气黯然收。千寻铁锁沉江底，一片降幡出石头。人世几回伤往事，山形依旧枕寒流。从今四海为家日，故垒萧萧芦荻秋。"杜牧的《泊秦淮》中则有"烟笼寒水月笼沙，夜泊秦淮近酒家。商女不知亡国恨，隔江犹唱《后庭花》"的著名诗句。诗人王昌龄也曾在南京担任江宁丞，有"诗家夫子王江宁"之称。生于南京的南唐后主李煜是一位著名的词人，被王国维誉为"一代词宗"，写下了诸如"问君能有几多愁，恰似一江春水向东流"等名句。宋代，王安石也曾经长期居留南京，视南京为其故乡，后埋葬在钟山脚下的半山园。

3. 清代

清朝初年，吴敬梓定居南京秦淮河畔，又称"秦淮寓客"，在南京写下了《儒林外史》，书中对南京的景物和文人的活动有大量细致入微的描写，如"城里一道河，东水关到西水关足有十里，便是秦淮河。水满的时候，画船箫鼓，昼夜不绝。那秦淮到了有月色的时候，越是夜色已深，更有那细吹细唱的船来，凄清委婉，动人心魄。两边河房里住家的女郎，穿了轻纱衣服，头上簪了茉莉花，一齐卷起湘帘，凭栏静听。所以灯船鼓声一响，两边帘卷窗开，河房里焚的龙涎、沉香一齐喷出来，和河里的月色烟光合成一片，望着如阆苑仙人，瑶官仙女"。甚至感叹南京街头的贩夫走卒都散发出不可理喻的文化气息（"六朝烟水气"），忙完活，还要"到永宁泉吃一壶水，回来再到雨花台看看日照"。《红楼梦》的作者曹雪芹也是出生在南京，直到雍正六年曹家抄没后才全家迁回北京，而《红楼梦》中的12个主要女性角色也命名为"金陵十二钗"。清朝初年孔尚任的著名戏剧《桃花扇》则是以明末清初朝代交替时期的南京为背景，描写复社文人侯方域与秦淮八艳之一、名妓李香君的爱情故事。清代著名文人袁枚也选择定居南京，在城西构筑随园。

（三）艺术

南京是中国绘画、书法的重镇。六朝时有王羲之、顾恺之等书画大家。明末清初，在南京曾经产生过金陵八家——龚贤、樊圻、高岑、邹喆、吴宏、叶欣、胡慥、谢荪；以及金陵九子——董其昌、王时敏、杨龙友等。

20 世纪 20 年代末 30 年代初，吕凤子、徐悲鸿、张大千、颜文梁、吕斯百、陈之佛、高剑父、潘玉良、庞薰琴等画坛名流曾云集南京，其中徐悲鸿、张书旗、柳子谷三人被称为画坛的"金陵三杰"。现代书画界又有 12 位南京知名画家、书法家被称为金陵十二家，包括傅抱石、刘海粟、陈之佛、钱松岩、亚明、宋文治、魏紫熙、陈大羽等。20 世纪中后期，南京还出现了"新金陵花鸟派"的金陵四杰——李味青、赵良翰、韩少婴、张正吟。

南京的地方戏曲除了上面提到过的白局外，还有高淳的阳腔目连戏等。

十三朝古都洛阳

　　洛阳位于河南省西部，是中国唯一被命名为"神都"的城市，是中国建都最早、朝代最多、历史最长的都城，是我国八大古都之首，是国务院首批公布的历史文化名城之一，也是世界"四大圣城"（耶路撒冷、麦加、雅典、洛阳）之一。洛阳因地处古洛水之北岸而得名，以洛阳为中心的河洛地区是华夏文明的重要发祥地，中国古代伏羲、女娲、皇帝、唐尧、虞舜、夏禹等神话，多传于此。

一、洛阳建都十三朝

洛阳因地处古洛水之北而得名，在它周围形成的河洛之地是我们中华文明的重要发源地。几千年过去了，洛阳留下的美名数不胜数，比如它是丝绸之路的起始点；它是中华民族的摇篮，中国、中州、中土、中原、华夏等称谓均来自洛阳；它也是中国历史上唯一被命名为"神都"的城市。

历史往往能带给我们真相，但这种真相总是隐隐约约的，随着岁月的变迁而变得更加模糊了。今天，当我们再次追寻洛阳的历史，它的是是非非都摆在我们面前。洛阳的过去是和古都联系在一起的。

（一）夏都斟鄩

夏朝是中国历史上第一个王朝，禹是夏的开创者，但当时禹并没有建都在洛阳，而是建都阳城（今登封）。但后来的考古发现证明，洛阳即当时的斟鄩也曾是夏的都城。

1959 年，中国考古研究所在洛阳辖区偃师二里头进行考古发掘，发现二里头一带是一座大型都城遗址，被定名为"二里头文化"。经鉴定，其绝对年代相当于夏代，距今有 4000 多年的历史，是一座夏代的大型都城遗址，总面积约为 3.75 平方公里。考古学家认定，二里头文化遗址就是夏代都城遗址，即夏都斟鄩的所在地。

夏代太康、仲康、夏桀三帝王曾建都于此。《帝王世纪》上说"太康在位 29 年，都斟鄩"；《通鉴外纪》上说"仲康在位 52 年，都斟鄩"，都为夏朝曾建都斟鄩提供了证据。

（二）商都西亳

西亳是商代洛阳的名字。而历史上，西亳到底在哪儿却一直是个谜。1983 年，谜题终于得到解答。

1983年，中国社科院在洛阳大槐树、偃师尸乡沟一带进行考古发掘，发现了这座商城遗址，从此揭开了西亳的秘密，结束了数千年来关于西亳的历史疑案。这是国内外史学界的一件重大发现。

西亳总面积为190万平方米。城内南中部有宫殿遗址。宫城呈正方形。大殿之后，有几座宫殿建筑，东西对峙，系王宫所在地。城内道路纵横，井然有序。城外有环城马路。这座规模宏大的古商城，显然是按照都城的规格建造的。

据《竹书纪年》载："汤居西亳，仲丁元年辛丑即王位，自亳迁于嚣。"《史记·殷本纪》又载："帝盘庚之时，殷已都河北，盘庚渡河南，复居成汤之故居。"又云："帝庚丁崩，子帝武乙立，殷复去亳徙河北。"由此可以看出，商朝曾两次定都西亳。第一次约在前1711年至前1482年，计230年，历经成汤、外丙、仲壬、太甲、沃丁、太庚、小甲、雍己、太戊、仲丁10帝。第二次约在前1310年至前1140年，计170年，经盘庚、小辛、小乙、武丁、祖庚、祖甲、禀辛、庚丁、武乙9帝王。商朝两次都西亳，共19帝，400余年。

（三）西周东都洛阳

其实，历史上的西周是有两个都城的。这是个很少见的现象。

武王灭商后，本想在洛邑（今洛阳）建立都城，但在灭商后的第二年就在镐京病故了。他的儿子成王即位，为了巩固在中原地区的统治，成王在其叔父周公的辅佐下开始大规模地兴建新都城洛邑。在成王执政的第五年，迁都洛邑，但西周仍然保留了旧都城镐京。

据可靠史料记载，洛阳作为西周的东都，从成王到平王，历时295年。历经成王、昭王等十位帝王。

（四）东周都洛阳

周幽王是西周历史上最后一位国君，也是一位有名的暴君。公元前771年，犬戎进攻西周，幽王被杀，西都镐京也被犬戎洗劫一空。这时的西周国力衰微，人心涣散，镐京已经变得不再那么安全了，无法抵挡外来势力的侵入。在这种情况下，周平王于前 770 年索性将都城从镐京迁至洛阳，建立政权，史称东周。

从周平王开始，洛阳作为东周都城有 515 年，历经 25 帝王。

（五）东汉都洛阳

东汉的第一个皇帝叫刘秀，即汉光武帝。25 年，他在河北柏乡称帝。也是在这一年，他的起义军攻下洛阳，并定都于此，史称东汉。

后来，刘秀经过多年征战，终于统一了全国。

刘秀在历史上最大的贡献就是他的改革，史称"光武中兴"。光武中兴使国家逐渐富强起来，洛阳成为了全国最大的城市，成为天下名都。它是当时全国政治、经济、文化中心，也是全国最大的商业城市。

东汉从 25 年始创，到 220 年灭，历经 196 年，其中以洛阳为都 165 年。

（六）曹魏都洛阳

东汉后期名存实亡，魏、蜀、吴三国鼎立的局面已逐渐形成。

曹操"挟天子以令诸侯"，在 207 年基本上统一了中国的北方，但曹操一直没有称帝。220 年，曹操病逝。他的大儿子曹丕即位。不久，曹丕废汉献帝为山阳公，自立为皇帝，史称魏文帝。

曹魏从 220 年到 265 年司马炎灭魏为止，以洛阳为都 46 年，历经文帝、明帝、齐王、高贵乡王、元帝。

（七）西晋都洛阳

曹魏后期，国家实际权力逐渐落入司马氏手中。

265 年，曹魏大臣司马懿之孙、司马昭之子

司马炎篡夺皇位，迫使魏元帝曹奂让位，改国号为晋，史称西晋，并定都洛阳。司马炎就是晋武帝（庙号世祖），晋武帝以其强大的军事力量统一了当时还处于分裂之中的中国，结束了自东汉末年以来的混乱局面。但可惜的是，由于统治阶级的内部矛盾，加上统治者的腐败无能，在很短的时间内，西晋王朝便土崩瓦解，从此，中国又进入到原来的分裂状态。西晋历时仅 51 年，倘若由灭吴始计，则仅 37 年，是中国历史上的短命王朝。

西晋定都洛阳，历经武帝、惠帝、怀帝、愍帝四帝。

（八）北魏都洛阳

西晋虽然统一了三国，但统治者不思进取，晋武帝有姬妾万余人，花天酒地；贾皇后恣意淫乐，竟在大街上抢拉男子入宫为男宠；外戚王恺与大贵族石崇比富，令人吃惊。如此等等，西晋终于走向了没落。

然而在中国北方，另外一个少数民族国家却迅速崛起，这就是北魏。北魏的建立者是鲜卑族拓跋部，原来居住于今黑龙江、嫩江流域及大兴安岭附近，过着游牧生活，三国前期，被前秦苻坚控制，但淝水之战后，前秦统治瓦解。386 年，鲜卑拓跋珪建立政权，后改国号为魏，史称"北魏"。

北魏建立以后，迅速发展军事，逐渐统一了中国。494 年，北魏孝文帝迁都洛阳，这是北魏历史上的一件大事，从此，洛阳就成为北魏的首都。孝文帝是个非常有作为的皇帝，他实施的"孝文改制"在中国历史上的意义是巨大的。孝文改制的主要内容有：整顿吏治；实行均田令；实行九品中正制；改革鲜卑旧俗，主要是禁着胡服，改穿汉人服装；朝廷上禁鲜卑语，改说汉话；规定鲜卑贵族在洛阳死后，不得归葬平城（今山西大同），并改他们的籍贯为河南洛阳，改鲜卑姓为汉姓；鲜卑贵族门阀化，提倡他们与汉族高门通婚等。孝文改制促进了各民族的大融合，实现了经济的繁荣，国家的强盛。520 年，北魏人口调查显示，北魏大约有 500 万户，3000 万口居民。宣武帝时，洛阳成为国际性的商业大都市。

但北魏后期，人民起义不断，阶级斗争激烈，534 年，北魏分裂成由高欢

中国古都

控制的东魏和由宇文泰掌握的西魏，北魏灭亡。北魏都洛阳41年，历经魏孝文帝、宣武帝、孝明帝、孝庄帝、长广王、节闵帝、安定王、孝武帝8个帝王。

（九）隋朝建东都

隋朝是我国历史上伟大的王朝之一，隋唐时期也是全世界公认的中国最强盛的时期。隋朝建立于581年，建立者为隋文帝杨坚。隋朝于589年挥戈南下，灭亡了长期割据南方的南朝最后一个朝代——陈朝，统一了分裂多年的中国。

隋朝时，我国经济繁荣、文化昌盛、积蓄充盈、甲兵强锐。据《资治通鉴》记载："是时天下凡有郡一百九十，县一千二百五十五，户八百九十万有奇。东西九千三百里，南北一万四千八百一十五里。历代之盛，极于此矣。"足可见当时隋朝的强盛。

但是，隋朝的第二代统治者隋炀帝却是历史上有名的暴君。他于604年在长安即位以后，生活奢侈腐化，极其凶狠残暴。

605年，隋炀帝任命尚书杨素为营建东都太监，纳言杨达为副监、宇文恺为将作大匠营建东都洛阳。606年，东都洛阳建成，随即炀帝移宫洛阳，洛阳于是成为全国的政治、经济、文化中心。

但好景不长，618年，隋将宇文化及在杨州兵变，杀死隋炀帝。越王杨侗在洛阳称帝，王世充为太尉，独揽朝政。义宁二年（619年）四月，王世充废杨侗为潞国公，自立为帝，国号郑，后被唐所灭。隋朝都洛阳15年，历2帝。

（十）武周都洛阳

武则天是中国历史上唯一一位女皇帝，690年，自号"圣母神皇"的武则天革"唐"命，改国号为"周"，定都洛阳。

武则天是唐高宗李治的皇后。高宗即位后，由于一直身体多病，所以政事大都由武后代理。高宗死后，她逐渐大权独揽并自立为帝。

武则天是历史上有名的好皇帝，她在位期间，改革政治，修养生息，人民生活在一定程度上得到改善，为唐朝的繁盛奠定了基础。

705 年，守凤阁侍郎同凤阁鸾台平章事宰相张柬之、鸾台侍郎同凤阁鸾台平章事宰相崔元综、禁军长官左羽林将军桓彦范、右羽林将军敬晖、司刑少卿兼知相王府司马事袁恕己等利用禁军发动宫廷政变，逼武则天下台，立皇太子李显为皇帝。历史上的武周王朝宣布结束。

武则天执政 50 年，居皇帝位 15 年，以洛阳为都城 15 年。

（十一）后梁都洛阳

后梁指五代十国时期的后梁，其建立者是朱温，也叫梁太祖。朱温于 907 年建立大梁，都开封，并以洛阳为西都。朱温曾参加黄巢领导的农民起义，后叛降唐朝，被赐名为朱全忠，与沙陀贵族李克用等协同镇压黄巢起义。黄巢起义失败后，唐帝国已名存实亡，各方节度使形成拥兵自重的局面，其中以宣武节度使朱全忠、河东节度使李克用、凤翔节度使李茂贞等势力最大。

朱温于 903 年完全控制皇室，于 907 年废唐哀帝，自行称帝，并于 909 年迁都洛阳，以开封为东都。朱温在称帝前后，革除了一些唐朝积弊，奖励农耕，减轻租赋，基本上统一黄河中下游地区。但他生性残暴，滥行杀戮，并与据有太原的李克用、李存勖父子连年作战，给百姓带来深重灾难。

朱温在位时，并没有指定谁继承皇位，后来其次子朱友珪发动政变杀死朱温，自立为帝。再后来，朱温第三子朱友贞发动洛阳禁军兵变，逼死友珪，友贞即在开封称帝，是为后梁末帝。梁末帝朱友贞猜忌方镇大臣，后梁内部分裂，国力进一步削弱。923 年，后唐庄宗李存勖攻入开封，末帝自杀，后梁灭亡。

（十二）后唐都洛阳

后唐，五代之一，其建立者为后唐庄宗李存勖。后唐从建立到灭亡历时十三年（923年至936年）。

李存勖为李克用之子，李克用因镇压黄巢起义有功，被封为河东节度使，掌握地方军事大权，与朱温等争锋天下。908年，李克用死，其子李存勖继晋王位。李存勖善于用兵，先后取得了几次军事胜利。923年，李存勖在魏州称帝，同年，灭后梁并迁都洛阳。但李存勖是个残暴之人，在位期间骄奢淫逸，重用伶官，诛杀功臣，对百姓横征暴敛，终于激起魏州兵变。李克用养子蕃汉总管李嗣源借兵变力量，夺取汴州（今河南开封）。后来李存勖在洛阳被乱兵杀死，李嗣源入洛阳称帝，改名李亶，是为明宗，改元天成。

明宗嗣源即位后，虽然采取了一些有效的措施改革了弊政，但由于其年老多病，很快就病死。他死后，他的儿子李从厚继位，是为闵帝。闵帝无能，934年，河东节度使李从珂（本姓王，嗣源养子）起兵杀李从厚，自立为帝，是为末帝。末帝在位不久，石敬瑭就勾结契丹攻入洛阳，李从珂自杀，后唐随之灭亡。

（十三）后晋都洛阳

后晋，五代之一，为石敬瑭所建。石敬瑭是后唐明宗李嗣源的女婿，明宗去世前后，他与契丹相勾结，认契丹皇帝耶律德光为父，并将燕云十六州拱手献给契丹，另加岁贡帛三十万匹。在耶律德光的支持下，他于936年在太原称大晋皇帝，史称后晋。937年，石敬瑭攻入洛阳，后唐末帝李从珂自焚死，石敬瑭迁都洛阳。

由于石敬瑭一味的卖国求荣，导致了人民的不满，所以他的统治并不稳定，于天福七年忧郁而终。他死后，他的侄子石重贵即位，史称少帝。少帝在对契丹的关系上不像他的叔父那样卖国求荣，而要求称孙不称臣，这惹恼了契丹，于是契丹主挥兵南下，讨伐后晋。后晋虽然经过顽强抵抗，多次打败契丹的进攻，但终于在叛徒的出卖下被契丹灭亡。947年，也就是灭后晋第二年，耶律德光在开封称帝，改国号为辽，后晋彻底退出历史舞台。

二、洛阳千古故事

洛阳城，十里坡，
高高低低古坟多。
英雄豪杰有几人？
绝代佳人是何人？

（一）灭商纣周公营洛邑

历史上有名的周武王姬发经过著名的"牧野之战"后，灭商建立了西周。西周建立后，他担心自己的天下不稳，为了想出巩固广大东方地区的办法，他日夜操劳，夜不能寐。他的弟弟周公旦提出了一个很好的建议，得到了武王的采纳，即封纣王的儿子禄父为商后，并派自己的弟弟管叔、蔡叔、霍叔加以监视，这就是历史上有名的"三监"。安排好这些后，武王自己则准备在洛邑之地营建新的都城。但天违人愿，武王英年早逝，这个计划因此被搁置了。

武王死后，他年幼的儿子诵继承了王位，周公辅佐朝政。但管叔和蔡叔因不满周公专权而密谋叛乱，禄父也想伺机发动恢复商朝的战争。在这种形势下，周公亲自率领军队，经过三年的战争平息了叛乱。经过了这次叛乱，周公认识到了迁都的重要性，因此，他决定要实现武王的遗志，在伊洛一带建立东都。

为了慎重起见，周公与召公绘制了一份营建洛邑的规划图呈现给了成王。据知，这是世界上有文献记载的最早的都城规划图，因此有人称东都洛邑为"世界上最早的按照事前周详规划而建筑的著名城市"。在周公的亲自主持下，大约用了九个多月的时间，新都城终于建立起来了。周人把镐京称作"宗周"，把洛邑称作"成周"，也称"东都"。于是，成王便迁都到洛邑，因为这个缘故，所以成周也称"王城"。

就这样，王城就成了西周的都城。西周在这里统治了中国几百年，王城洛阳的辉煌也在这几百年里夺目闪耀。如今，历史的辉煌虽已成往事，但历史的记忆却是永恒的。

(二) 曹植与洛阳的故事

曹植，字子建，是曹操的儿子，是魏文帝曹丕同母弟，三国时期著名的文学家、诗人。

曹植的一生大半在河南度过，他的诗文也大都与河南相关。那么他与洛阳到底有什么关系呢？有史记载，213年，曹植跟随曹操西征马超，路过洛阳，登上城北的邙山。看到邙山脚下的景象，他感慨万千，写了那首著名的《送应氏》，诗中写道："步登北邙阪，遥望洛阳山。洛阳何寂寞，宫室尽烧焚。垣墙皆顿擗，荆棘上参天。不见旧耆老，但睹新少年。侧足无行径，荒畴不复田。游子久不归，不识陌与阡。中野何萧条，千里无人烟。念我平常居，气结不能言。"这首诗反映了当时军阀混战的情况下，天下动荡的局面。洛阳于190年被董卓所焚烧，至此已经21年，因天下混战，一直没有得到修复，所以诗中写"洛阳何寂寞"，可以说非常形象，感人至深。

虽然曹植才华过人，但在权术方面，他远远不如他的兄弟曹丕。所以后来曹丕继承了曹操的权力，而他却被赶出洛阳，回到了自己的封地临淄。

在临淄，陈留王（即曹植）意志消沉，终日饮酒以解千愁。那时的诸侯国都有朝廷派的"监国谒者"，这些监国谒者是专门派来监督诸侯王的一举一动的。派来监视曹植的这个监国是个小人，他为了逢迎曹丕，奏曹植醉酒傲慢，挟持胁迫谒者，并请朝廷治曹植的罪。曹丕抓住这个机会把曹植召回洛阳，威胁说："你必须在七步以内作诗一首，不然就行大法。"曹植思索了片刻，在七步以内就作出了那首著名的《七步诗》："煮豆持作羹，漉豉以为汁。其在釜下

燃，豆在釜中泣。本是同根生，相煎何太急？”这首诗用同根而生的萁和豆来比喻兄弟，用萁煎其豆来比喻同胞骨肉的哥哥残害弟弟，生动形象、深入浅出地反映了封建统治集团内部的残酷斗争和诗人自身处境的艰难。后来，曹丕顾及母亲下太后的情面，将曹植贬为安乡侯。

222 年，曹植再次来到洛阳，在回去的路上，路过洛水，这让他想起了洛水之神的那个传说，促使他写下了那篇千古一绝的《洛神赋》。

（三）洛阳城石崇王恺斗富

西晋太康年间，在都城洛阳，从皇帝到公卿大臣，生活都奢侈腐化，最突出的例子就是石崇和王恺斗富。

石崇是晋司徒石苞之子，晋武帝因为石崇是功臣之子，对他非常器重。王恺是晋武帝的舅父，二人经常在京城斗富，谁也不服谁。

王恺用紫色丝做步障四十里长，石崇就用锦做了五十里的步障；王恺用麦芽糖刷锅，石崇就用蜡烧饭。王恺在斗富中得到了晋武帝的支持，晋武帝赏给他一棵二尺多高的珊瑚树，这棵珊瑚树实属世间罕见，王恺把这棵珊瑚树搬给石崇看，心中以为这次一定可以让石崇羞愧难当，谁知石崇却拿铁随意敲它，随手就打碎了。王恺既惋惜，又认为石崇是妒忌自己的宝物，说话时声音和脸色都非常严厉。石崇说：“不值得遗憾，现在就赔给你。”于是就叫手下的人把家里的珊瑚树全都拿出来，有三尺、四尺高的，树干、枝条举世无双而且光彩夺目的有六七棵，像王恺那样的就更多了。王恺看了，不仅惘然自失。

王恺请客，命女伶吹笛，女伶对乐曲稍有遗忘，王恺就命令手下人将女伶杀死。石崇招待贵宾的时候，经常让美女招待贵宾喝酒，客人如果不干杯，就让左右杀死美女。在一次宴会上，一位客人坚决不饮酒，石崇就接连斩杀三名美女，真是惨无人道。

西晋末年，赵王司马伦和孙秀一度专权，石崇在这个时候已经免官闲居了，但他生活依然奢侈堕落。他有一名宠妾名叫梁绿珠，是世间美貌的奇女子，又因笛子吹得非常好，深得石崇喜爱。赵王司马伦亲信孙秀垂涎绿珠美色，石崇不给，从此得罪孙秀。永康元年（300 年）赵王司马伦专权，石崇因参与反对赵王司马伦，金谷园被孙秀大军包围，石崇见大势已去，对绿珠说："我因你获罪，奈何？"绿珠流泪道："妾当效死君前，不令贼人得逞！"遂坠楼而亡。孙秀大怒，将石崇一家十五口人全部杀死。

西晋统治者的奢侈腐朽，是导致西晋王朝迅速灭亡的主要原因。石崇和王恺斗富只是一个典型的例子，其实在西晋，大多数官员都生活奢靡，这种奢靡注定了西晋的短命。

（四）洛阳纸贵

"洛阳纸贵"指的是文学作品非常畅销，风行一时，广为流传。这个成语最先出自《晋书·文苑·左思传》："于是豪贵之家竞相传写，洛阳为之纸贵。"

左思是西晋太康年间一位有名的文学家，但他在创作《三都赋》之前并不出名。在他小的时候，他的父亲看不起他，因他长得不好看，说话还结巴，在人前表现得还很痴傻。到了他成年的时候，他的父亲依然很看不起他，还对朋友们说过这样的话："左思虽然成年了，可是他掌握的知识和道理，还不如我小时候呢。"

左思不甘心被父亲看不起，他在心里暗自较劲，要发奋学习，摆脱这种局面。经过了十年的卧薪尝胆，左思在思想上和学力上脱胎换骨了，他认为班固的《两都赋》和张衡的《两京赋》虽然文字大气磅礴，但都很虚华，没有实际的内容。因此，他想创作出一篇具有历史特色、内容丰富的文章，这就是《三都赋》，所谓的三都是指三国时魏都邺城、蜀都成都、吴都南京。为了写这篇文章，左思收集了大量的历史、地理、风俗人情资料，这篇文章之所以那么好，是与左思的准备工作做得非常充分分不开的。

但《三都赋》在开始的时候并没得到当时文人的赏识，甚至还遭到了一些名流的讥讽。比如当时一位著名文学家陆机就很看不起左思的这篇文章，他认为左思是

个不知天高地厚的人，想超过班固、张衡，太自不量力了。但真金不怕火炼，《三都赋》终于有人赏识了，那就是当时另外一位著名的文学家张华。张华看到《三都赋》后赞不绝口，他决定和皇甫谧一起把这篇文章推荐给世人。于是，在名人的推荐下，《三都赋》很快红遍了洛阳，一时间人们争相购买这本风靡一时的作品，从而造成了供不应求的局面。洛阳的纸也水涨船高，很快就贵了起来。原来每刀千文的纸一下子涨到两千文、三千文，后来竟倾销一空，不少人只好到外地买纸，抄写这篇千古名赋。

这就是洛阳纸贵的故事，左思十年磨一剑，这种精神真的很伟大。也许当我们在生活中懈怠的时候，应该想想左思，想想洛阳纸贵的故事，也许这不只是一个故事，更是一种让我们坚持下去的动力。

（五）司马光洛阳著《资治通鉴》

司马光，字君实，是北宋著名的政治家、文学家、史学家。

1019 年，司马光出生于河南光州（今光山县）。他天资聪慧，司马光砸缸的故事至今家喻户晓。司马光 20 岁那年就考取了进士，之后做了十多年的小官，在政治上一直寂寂无名。王安石变法时，司马光坚决反对，他对神宗说："臣与安石，犹冰炭不可同器，寒暑之不可共时。"所以在王安石变法期间他一直挂官闲居。

当时的开封党争激烈，不少反对变法的人都遭到贬谪，司马光被贬到洛阳。在洛阳，司马光积极参加各种集会活动，虽然表面上"不问朝政"，但暗地里却交结了一批反对新法的保守党分子。

但在洛阳生活的 15 年里，司马光的主要贡献就是编著那本著名的历史著作《资治通鉴》。这本著作由周威烈王二十三年（公元前 403 年）写起，一直到五代的后周世宗显德六年（959 年）征淮南，描写了 16 个朝代，共 1363 年的详细历史。它是我国最重要的一部编年体通史，在我国史书中有极重要的地位。

《资治通鉴》共 294 卷，300 多万字。全书取材极为广泛，除了采用了历代正史的资料，还采用了大量的文集、杂史、笔记等相关著作。司马光集结了当时有名的大儒刘攽、刘恕、范祖禹等分段撰写，再经司马光删削润色总其成，所以全书读来如出一人手笔，很少有自相矛盾之处，文字也简洁流畅，富有文学色彩。

《资治通鉴》的编写，是继《史记》之后的我国又一历史巨著。然而就其编写目的而言，正如宋神宗为其题名"鉴于往事，资以治道"一样，是为使后代统治者吸取前代盛衰兴亡的经验教训，所以它着重于政治、军事，而缺少对社会经济变动的记载，至今仍在各方面为我国的史学研究提供不可缺少的资料。

1085 年，支持变法的神宗皇帝病逝，哲宗年幼，高太后临朝听政，任命司马光为宰相，废除新法，开始了"元祐更化"的新局面。司马光终于登上了人生政治的顶峰，但他的主要贡献似乎还是给后人留下的这部传奇的史书。

（六）二程与"洛学"

二程是指程颢、程颐两兄弟，他们俩是北宋中期著名的理学家，是著名的"洛学"的开创者。因为他们活动讲学的地方主要是在洛阳一带，所以理学又叫"洛学"。

二程在年幼之时便随父亲宦游祖国南北，学习孔孟之道的儒家经典。青年时代他们师从周敦颐，向他学习古典哲学。周敦颐是北宋著名的思想家，他根据《易经》提出了"太极图说"，这种学说充满了神秘主义色彩和保守主义倾向。因此，二程也深受这种思想的影响。

二程的学徒遍布天下，门徒中比较有名的有八九十人之多。他们来自全国各地，后来有的官至监察御史、吏部尚书等，还有的在学术上取得了非常高的成就，如上蔡人谢良佐、偃师人朱光庭、南剑人罗从彦等。

二程著述颇多，他们的著作被后人编

十三朝古都洛阳

为《二程全书》，其中属于程颢的有《明道先生语录》《明道文集》，属于程颐的有《经说》《伊川文集》等。

他们最重要的贡献就是提出了"理"的哲学范畴，他们认为理无所不在，无处不在，理存在于"一草一木"，理也存在于"一山一水"，这种理就是"天理"，这种天理是人类社会的最高准则。他们以此阐释封建伦理道德，把三纲五常视为"天下之定理"。主张"存天理，灭人欲"，人要克制自己的行为，维护封建纲常，只有这样，社会才能稳定，国家才能繁荣。

二程的洛学从总体上看是唯心主义的，但其中也包含了朴素的辩证法因素。他们提出"动静相因，物极必反"，承认事物是相互制约、发展变化的，这一观点无疑具有其历史进步性。

总之，二程的洛学奠定了宋明理学的基础，在中国哲学史上占有重要地位。其后，宋代的朱熹、陆九渊，明代的王阳明，又在二程开辟的方向上发展了理学。宋明理学是宋代之后漫长的中国封建社会的理论基础和精神支柱，而二程洛学则是理学之先导。

三、洛阳古迹美景

洛阳是个美丽的城市，它的美丽不仅因为其深刻的历史底蕴，还因为在这片土地上的古迹美景。

（一）洛阳白马寺

白马寺的由来说起来非常有意思。据《理惑论》《后汉书》《洛阳伽蓝记》等记载，东汉明帝有一天晚上做了一个梦，他梦见一位身绕光环的神仙从远方飞来，明帝非常高兴，于是第二天便召集群臣解梦。太史傅毅告诉明帝说："听说天竺有位得道高僧，能飞身虚幻中，并且全身放着光芒，皇上梦见的大概就是佛吧！"明帝相信了这种说法，于是就派使者羽林郎中秦景、博士弟子王遵等13人去西域，访求佛道。三年后，他们同两位印度僧人迦叶摩腾和竺法兰回到洛阳，并带回一批经书和佛像。朝廷为了安置这两位高僧以及这些经书和佛像，就在洛阳建造了中国历史上第一座佛教寺院白马寺。迦叶摩腾和竺法兰两位高僧在这里译出了《四十二章经》《法海藏经》《佛本身经》等。

现今，白马寺位于洛阳城东10公里处，其北依邙山，南临洛河，殿阁擎天，壮美幽穆。它经历了几千年的风风雨雨，依然巍然挺立，真不愧是"千年第一古刹"。它坐北朝南，面积约四万平方米，呈长方形。寺大门之外，近年新建了石拱桥、放生池等。大门左右相对是两匹石马，据说这是宋代的石雕马，大小和真马相当，形象温和善良。

白马寺南北长239.5米，东西宽135.5米，总面积3.25万平方米。中轴线上依次分布着山门、天王殿、大佛殿、大雄殿、接引殿等，两侧对称分布着门头堂、云水堂、客堂、斋堂、禅堂等，山门东西两侧有迦叶摩

腾和竺法兰二僧墓。寺内外素有清凉台、齐云塔、夜半钟等六景，各有历史逸闻，是观光游览的好去处。

（二）关林

关林位于洛阳城南的关林镇，相传这里是埋葬三国时蜀国大将关羽首级的地方。明朝万历年间开始建庙植柏，清代乾隆年间又加以扩建，终形成今天的规模。

关林占地约百亩，各种亭阁达 150 余处。现存古柏 800 多株，碑刻 70 余通，墓冢一座，石坊四座，各种石狮、铁狮 100 多尊。院内古柏苍郁，殿宇堂皇，隆冢巨碑，气象幽然。

现存建筑，从中轴线上看，依次为舞楼、大门、仪门、甬道、拜殿、大殿、二殿、三殿、石坊、八角亭，最后为关冢。两侧对称耸立着钟鼓楼、配廊、长廊等。关羽墓在轴线建筑最后，墓高约 10 米，威严肃穆。

千百年来，关羽作为忠义化身、道德榜样，受到了民众的普遍敬仰。他的"忠义仁勇"体现了我们中华民族的精神，由此形成的"关公信仰"这一特殊文化现象，已成为沟通海内外华人、亲情的桥梁和纽带。每年 9 月 29 日在这里举办关林国际朝圣大典，届时，海外关庙人士和宗亲组织云集关林，举行隆重的朝拜仪式。关林成为海内外华人谒拜的圣域，也是驰名中外的旅游胜地。

（三）金谷园

"繁华事散逐香尘，流水无情草自春。日暮东风怨啼鸟，落花犹似坠楼人。"每当读起杜牧的这首诗的时候，眼前就会浮现当时由繁华至衰败的景象。

虽然，如今的金谷园已不见昔日的风采，坠楼人绿珠也早已香消玉殒，但金谷园那依然存在的韵味却足以让人回味无穷。

金谷园现今遗址在今洛阳老城东北七里处的金谷洞内，园内清溪萦回，水声潺潺。周围几十里内，楼榭亭阁，高下错落，金谷水萦绕穿流其间，鸟鸣幽村，鱼跃荷塘。每当阳春三月，风和日暖的时候，桃花灼灼、柳丝袅袅，楼阁亭树交辉掩映，蝴蝶翩然飞舞于花间，小鸟唧啾对语枝头。所以人们把"金谷春晴"誉为洛阳八大景之一。

（四）邙山

俗谚说："生在苏杭，死葬北邙。"这个北邙就是就是指位于洛阳北侧，为崤山支脉那座北邙山。北邙山东西绵亘 190 余公里，海拔 250 米左右，是洛阳北面的天然屏障，也是军事上的战略要地。

相传老子曾在邙山炼丹，山上建有上清观以奉祀老子，附近还有武则天避暑行宫、中清宫、下清宫，道教寺观吕祖庵等古建筑。唐宋时期，每逢重阳佳节，上邙山游览者络绎不绝。唐朝诗人张籍诗云："人居朝市未解愁，请君暂向北邙游。"

邙山其最高峰为翠云峰，每当登高远望，邙山下苍苍茫茫，山下景色，尽收眼底，特别是到傍晚时分，万家灯火，如同天上繁星。"邙山晚眺"被称为洛阳八大景之一。

（五）白园

白园即唐代大诗人白居易墓，它坐落在洛阳市城南 13 公里处的龙门东山的琵琶峰上。白园占地 40 亩，是一座依山傍水、秀色宜人的园地。

白园分为青谷、墓体、诗廊三区，系根据唐代风采、诗人性格和得体于自然的原则设计建造的纪念性园林建筑。迎门为青谷区，整个青谷区景色优美，丛竹夹道，荷池送爽，引人入胜。著名的乐天堂也位于青谷区，乐天堂内有白居易塑像，该雕像虽已经历千年风尘，但风采依旧。园中间为墓体区，有墓冢、24 吨重的自然石卧碑、登道、乌头门、碑楼等。整个墓区庄严肃穆，树木参天，别有一番色彩。诗廊区在墓北山腰，集中陈列着著名的书法家、画家书写的诗词碑刻以及描绘诗

意的瓷砖壁画，作品大多为赞颂白居易文功政绩的诗词。

白居易的一生是伟大的，他的伟大不仅在于他是个体恤黎民百姓的好官，更在于他创作的那一首首老少皆懂的诗篇。《赋得古原草送别》《长恨歌》《琵琶行》《观刈麦》等至今家喻户晓，伟大的诗人就是如此，永远不会被人们遗忘。

（六）洛河

洛河可以说是洛阳的母亲河，洛河孕育了河洛文明，河洛文明也是中华文明的重要源流之一。

千百年来，关于洛河，留下了数不尽的故事。有多少文人墨客在这里驻足忘怀，又有多少名流雅士在这里流连忘返，数也数不清了，历史的尘埃都随流水去了，于是这流水中积攒的只是洛河的往事。

如今，洛河仍在，"洛浦秋风"（洛阳八景之一）仍在，人们也许应该抽出时间去看看。

（七）白云山

白云山位于洛阳市嵩县南部伏牛山腹地原始林区，近年来已经成为河南省著名风景旅游区。白云山风景奇特，其中有以白云峰、玉皇顶、小黄山、鸡角尖、千尺崖等为代表的险峰奇石景观；以乌曼寺、云岩寺、玉皇阁等为代表的人文景观；以万亩原始林、唐代银杏林、野生牡丹园、高山杜鹃园、白桦林、红桦林、箭竹林等为代表的森林景观；以云海日出、盛夏避暑等为代表的物候景观；以白云洞、青蛇洞、锣鼓洞、洞天栈道等为代表的洞窟景观；以黑龙潭、黄龙井、珍珠潭、青龙瀑布、白龙瀑布等为代表的瀑潭景观等。

据介绍，白云山风景名胜区于 1992 年被林业部批准为国家级森林公园，1998 年升格为国家级自然保护区。经过十余年开发建设，公园已初步形成吃、住、行、游、娱、购于一体的旅游服务体系，这里将筹建十大宾馆，完善道路及服务设施，建成玉皇顶高山滑道和"亚洲第一跳"——白云山云飞蹦极，形成万人日接待能力，目前已成为中原地区旅游新热点和洛阳南线重点旅游区。

（八）花果山

花果山位于宜阳县西南部的穆册乡境内，距洛阳城 90 公里。花果山总面积约 180 平方公里，森林覆盖率 77.4%，主峰海拔达 1831.8 米。洛阳花果山 1991 年起成为国家森林公园，2000 年被评为洛阳市十佳风景区之一，2001 年被评为 AAA 级旅游景区。

花果山景观多样，其中有以白皮松、迎宾松、盘龙松、天狼松、藤恋树、华盖树、飞天树等为代表的森林景观；以帝沟日珥、苍岭云海、岳顶霁雪、岳峰观日等为代表的天象景观；以北斗阁、花果山书画院、石栈道、将军碑林、名人诗画等为代表的人文景观。

（九）鸡冠洞

洛阳鸡冠洞景区是我国长江以北罕见的洞穴旅游景区，最早发现于清乾隆年间，是中原一大奇观，号称"北国第一洞"。鸡冠洞属天然石灰岩溶洞，地质学上称其为"喀斯特岩溶地貌"，洞中一年四季恒温 18℃左右，被誉为"自然大空调"。

鸡冠洞位于洛阳栾川县城西的小双堂沟，洞深达 5600 米，上下分五层，落差达 138 米。目前开发面积达 23000 平方米，共分为八大景区，它们分别是藏秀阁、玉柱潭、洞天河、聚仙宫、

溢彩殿、叠帏宫、瑶池宫、石林坊。洞内景观形态各异，姿态万千，各种石盾、石珠、石琴、钟乳石、石笋、石柱、石幔、石瀑等分布错落有致，另外洞内瀑布林立，水声与石相击，给鸡冠洞增添了无穷的魅力。

（十）龙潭大峡谷

龙潭大峡谷位于洛阳市新安县北部，全长 12 公里，呈 U 型。谷内云蒸霞蔚，激流飞溅，悬崖绝壁到处可见。景区有石上春秋、绝世天碑、银链挂天、阴阳潭瓮谷、五代波纹石、天崩地裂、喜鹊迎宾、通灵巷谷八大自然奇观；仙人足迹、水往高处流、巨人指纹、佛光罗汉崖、石上天书、蝴蝶泉六大自然谜团；阴阳潭、五龙潭、卧龙潭、龙涎潭、芦苇潭、青龙潭、黑龙潭七大幽潭瀑布。总之，整个峡谷区无处不美，无处不令人惊叹，是世界上罕见的山水画廊，不愧为"世界上最美的峡谷"这一称号。

（十一）周公庙

周公庙位于洛阳市老城区定鼎南路东侧，传由隋代末年王世充为奉祀周公而建的规模宏大的庙宇。周公即周公旦，他为营建西周洛邑、稳固西周在东方的统治作出了杰出贡献。

现存明清时期大殿、二殿、三殿、左右厢房等建筑。大殿额题"定鼎堂"三字，取周公定鼎洛邑之意。大殿、二殿、三殿都保持了明代建筑风格，古朴雅致，壮观宏伟。

周公庙是洛阳市内唯一保存比较完好的建筑群。目前，周公庙已开辟为都城博物馆。

（十二）汉光武帝陵

汉光武帝陵是东汉第一代皇帝光武帝刘秀（前 6 年—57 年）的陵墓，位于洛阳市北 20 公里处的孟津白鹤乡。该陵园始建于 50 年，占地达 6.6 万平方米，整个陵园呈长方形，由神道、陵园和祠院三部分组成。其中墓冢位于陵园正中，为夯土丘状，高 17.83 米，周长 487 米。还有光武祠，位于陵园西侧，面积达 2 万平方米，由二十八宿馆、碑廊、光武殿、阙门等组成。整个建筑群明显呈汉代风格，别具一番情调。

光武陵园内现有隋唐植柏 1458 株，一园千柏，这在国内绝无仅有。因古柏年代久远，还形成了"鸟鸣柏""苦恋柏""汉皇仰卧"等奇特景象。光武帝陵千百年来为观者称奇乐道，对研究我国帝王陵寝有着独特的历史科学价值。1963 年，光武陵园被河南省人民委员会公布为第一批省级重点文物保护单位，2001 年 6 月被国务院公布为第五批全国重点文物保护单位。

（十三）风穴寺

风穴寺最早建于东汉初平元年，原名香积寺。但毁于董卓之乱，北魏重建，是我国最古老的佛寺之一，因寺东的山上有大小风穴洞而得名。曾与白马寺、少林寺、相国寺齐名，被称为"中原四大名刹"。据史料记载，风穴寺在明代万历年间香火最为鼎盛，曾有僧众 1000 余人，房舍 300 多间，土地 2000 余亩。

现今的风穴寺位于洛阳汝州，是国家级重点文物保护单位，它保存了唐、宋、元、明、清历代的文物和建筑，被专家称为"古建筑博物馆"。寺内有升仙桥、吴公洞、珍珠帘、大慈泉、锦屏风、望州亭、玩月台等八大景；有东山仙人、小龙门、石龙头、活凤尾等七十二小景以及冬暖、夏凉的三十六福地。

风穴寺现存各种古建筑约 140 间，其中"七祖塔"为全国现存七座唐代高塔之一；悬钟阁内的"中原第一钟"重达 9999 斤；涟漪亭是河南仅有的明代双层六角亭；西面山坡上的上、下塔林是我国第三大塔林。另外，寺内还有各种碑帖、佛像等珍贵的古代遗迹。

十三朝古都洛阳

（十四）龙峪湾

龙峪湾国家森林公园位于洛阳西南的栾川境内，面积达 300 余平方公里，现今已开发 12 个景区共 218 个景点。龙峪湾国家森林公园是河南省十佳山水景区、全国文明森林公园、国家 4A 级景区和国家级自然保护区。

境内有号称"中原第一峰"的鸡角尖，海拔达 2219 米，壁削刀仞，云雾缭绕，宏伟壮观。园内还有各种珍禽异兽 200 多种，植物 1900 多种，中草药 800 多种。这里气候凉爽，夏季最高温度不超过 21℃，是理想的避暑度假胜地。另外，园内还有仙人瀑布、彩虹瀑布、青龙瀑布、黑龙潭、白马潭、贞女洞、帽盔洞、仙人洞、藏兵洞、万亩落叶松林等优美景观。

（十五）安乐窝

位于今洛阳市洛河南岸的安乐窝村，是北宋著名思想家邵雍故居所在地。邵雍自号安乐先生，谥号康节，12 岁跟随父亲迁居河南，30 岁移居洛阳，与司马光、吕公著等交往颇多。

有关安乐窝，《无名公传》载："所寝之室谓之安乐窝，不求过美，唯求冬暖夏凉。"邵雍也亲自题诗云："夏住长生洞，冬居安乐窝。莺花供放适，风月助吟哦。窃料人间乐，无如我最多。"

邵雍在洛阳居住了四十多年，著书立说，其主要著作有《渔樵问对》《伊川击壤集》《皇极经世》等。他是北宋唯心主义理学的奠基人之一，和程颐、程颢齐名，被称"夫子""圣人"。现存安乐窝有硬山式皇极书阁等建筑，并有碑石数方，具有很高的艺术价值。

四、洛阳牡丹　天下之绝

说起洛阳，怎么能不说牡丹呢？说起牡丹，怎么能不说洛阳呢？多少年来，洛阳和牡丹似乎已融为一体。牡丹是我国特有的木本名贵花卉，其花形多样，花朵大而色艳，很早就被誉为我国的国花，是我国繁荣强盛、富贵吉祥的象征。

（一）牡丹兴盛于洛阳的原因

关于牡丹，很早就有武则天怒贬牡丹的故事。传说武则天下令百花开放，于是百花都听从了圣旨，在规定的时间都开放了，但唯独牡丹未开。武则天非常恼怒，就把牡丹打得粉碎，并把它贬到了洛阳。从此，牡丹便在洛阳安下了新家，自由自在地开放，得到了天下百姓的喜爱。当然武则天贬牡丹是假，但她在洛阳游上苑时没看到牡丹，便命人从外地移植牡丹到洛阳却是真的。还有一个故事是这样讲的：唐朝有个名叫宋单父的洛阳人，非常会种花，他种的牡丹能变化一千多种。唐玄宗知道后，就把他召到骊山去种花。到了骊山，他种了一万多株，竟然没有一株是相同的。于是他就被时人尊称为花神，惊服他有"幻世之绝艺"。后来，他回到了洛阳，牡丹就在洛阳兴盛了起来。

当然以上只是一些神话传说，牡丹真正兴起于洛阳的原因并不那么简单，是与洛阳的历史地位分不开的。试想，洛阳是那么多朝代的都城，多少达官显贵、政治名流、名人雅士在这生活过？何况如果都城在洛阳，那么皇帝肯定会在洛阳修建许多豪华的花园，况且牡丹本身又是一种特别名贵的花，所以种植牡丹就成为皇家和达官显贵们的首选。

当然最重要的原因还是因为洛阳本身的地理环境适合牡丹生长，洛阳气候温和、雨量适中、土地肥沃。另外，由洛阳市地质矿产局和省地质调查院完成的一项科研成果证明：洛阳牡丹开得硕大鲜亮确实与洛阳的独有地脉有关。据介绍，伊河洛河带来的火山岩元素沉积下来，使洛阳土壤中所含有的微量元素锌、铜、锰、钼明显高出其他地区，

其中锰的含量平均高出 26.7 倍，加上该地区适宜的气候，使得洛阳牡丹具有了得天独厚的生长条件。

(二) 牡丹因何而美丽

每个人心目中都会有关于美的评判标准，但在牡丹美不美的问题上，我想大多数人的答案都是肯定的。那么牡丹因何而美呢？

美在历史的悠久。牡丹作为观赏植物栽培，始于南北朝。近代生物学先驱达尔文在《动植物在家养情况下的变异》一书中说，牡丹在中国已经栽培了1400年，从19世纪70年代向前推到1400年前，那是5世纪，即南北朝初年，和中国牡丹的栽植历史大体相属。洛阳栽培牡丹，始于隋，盛于唐，昌于宋。宋朝时洛阳就有"花城"之称。欧阳修的《洛阳牡丹记》、周师厚的《鄞江周氏洛阳牡丹记》《洛阳花木记》、张峋的《洛阳花谱》等等对此都有记载。

美在栽培牡丹已经成为一门技艺。一千多年来，关于栽培牡丹已经形成了一门专门的技艺史，如何栽培牡丹也是一门很深奥的学问。其实宋代在择地、浇灌、施肥、修剪、防虫害、防霜冻以及嫁接、育种等栽培技术方面，已经总结出一套较为完整的成熟经验。元明清时期，这种经验更趋于成熟，至今这些经验还影响着现代牡丹的生产。当代牡丹花期控制技术已基本达到花随人意，这是一个令人赞叹的进步。

美在它的经济价值。牡丹不仅仅具有观赏价值，而且它全身都是宝。它的花、种、根、粉都有着很高的经济价值。花瓣可食用，其味鲜美。其根可入药，称"丹皮"，可治高血压、除伏火、清热散淤、去痛消肿等。近年来，洛阳不断开发以牡丹为特色的产品，牡丹酒、牡丹系列化妆品、牡丹精油、牡丹保健茶系列产品，以及牡丹月饼、牡丹饺子、牡丹滋补靓汤等一系列新型牡丹食品。目前，洛阳牡丹年销售量为1000万株，年产值达10亿元，产品畅销全国各地以及日本、美国、荷兰、新西兰等20多个国家和地区，洛阳牡丹已经基本实现了专业化、规模化生产，规范化、科学化种植，公司化、市场化经营的格局，洛阳已然成为名副其实的中国乃至世界牡丹生产的中心之一。

(三) 文人诗作中的牡丹

历代文人爱牡丹，牡丹也成了历代文人诗文里的题材。仅《全唐诗》中就收录了五十多位作家的一百多首吟咏牡丹的诗歌，这些诗歌在思想性和艺术性上都有很高的成就，丰富和发展了我国的咏物诗创作。

虽然我们不能把所有的歌咏牡丹的诗歌都一一列举，但具有代表性的佳作还是能列举一二。如白居易的《秦中吟》之十《买花》："帝城春欲暮，喧喧车马度。共道牡丹时，相随买花去。贵贱无常价，酬直看花数。灼灼百朵红，戋戋五束素。上张幄幕庇，旁织巴篱护。水洒复泥封，移来色如故。有一田舍翁，偶来买花处。低头独长叹，此叹无人喻。一丛深色花，十户中人赋！"这首诗具有很强的思想性，诗人透过牡丹繁盛的表面现象，敏锐地发现其背后隐藏着的社会问题，通过诗歌表达了他对劳动人民困苦生活的同情。白居易还有一首比较有名的写牡丹的诗："绝代只西子，众芳唯牡丹。月中虚有桂，天上漫夸兰。夜濯金波满，朝倾玉露残。性应轻菡萏，根本是琅玕。夺目霞千片，凌风绮一端。"这首诗把牡丹的美写得淋漓尽致。令狐楚有首《赴东都别牡丹》："十年不见小庭花，紫萼临开又别家。上马出门回首望，何时更得到京华。"语言简朴，明白如话，爱花之情、惜别之意溢出诗外。刘禹锡的《和令狐楚公别牡丹》："平章宅里一栏花，临到开时不在家。莫道西就非远别，春明门外即天涯。"同样是浅切流畅，话别之中含有深深的慰藉。两首诗合在一起读，如话家常一般，却又含有深情，运用白描手法创造出一个情深词显的优美境界。正因为这种语言浅切流畅的特点，才使诗人较多地运用了白描手法，几笔便勾出一幅生气盎然的图画，含不尽之意于诗外。

（四）洛阳牡丹花会

洛阳牡丹花会是有很深的历史传统的，在北宋时，就举办了以牡丹为主角的"万花会"。每年四月，牡丹开放，洛阳万人空巷，争相赏花。据史料记载，当时的西京留守钱惟演，非常爱牡丹，为了方便赏花，他举办了首个官方的"万花会"，并引起很大反响。从此，万花会成为士大夫们聚会赏花的正式名称。很多士大夫都举办过自己的牡丹会，以牡丹会友、赛花吟诗成为一时之风气。宋代理学名士邵雍在洛阳建的"安乐窝"、闲居洛阳时的司马迁在洛阳建有"独乐园"等都是当时有名的聚会赏牡丹的地方。

每年 4 月 15 日至 25 日是牡丹盛开的好时节，每当这个时候，古城洛阳都会一片沸腾，整个城市都是花的海洋，来自世界各地的游人齐聚洛阳，共同体会这万华锦簇的盛况。花会期间，人们不仅能观赏到牡丹的古老品种，还能看到科研人员培育出的新品种；不仅有其他省市带来的珍贵品种，还有来自其他国家和地区的牡丹品种。这么多的品种混在一起，真让人大饱眼福。

（五）洛阳牡丹的品种

洛阳牡丹品种多样。《洛阳花木记》载有百余种，《洛阳牡丹记》载有24个优良品种，清修《洛阳县志》载有169个品种。近年来，通过国家花卉协会认定的洛阳牡丹品种已经达到960个，数量在国内外城市中遥遥领先。在这众多的牡丹品种中，有的是古代珍稀品种，如魏紫、姚黄等，有的是运用现代技术培养的新品种。

魏紫，牡丹四大名品之一，因出于宋代洛阳魏氏花园中而得名。花色端丽莹洁，润滑有光。姚黄未出之前，号称牡丹第一，姚黄问世后，被后人誉为"花后"。

姚黄，牡丹四大名品之一，皇冠型，有时呈金环型。花蕾一般圆尖形。初开色鹅黄，盛开变乳黄。原产于一姚姓人家，故名姚黄。姚黄花香四溢，花色鲜艳，花开时，花朵高出叶面，姚黄自古有"花王"之称。

豆绿，牡丹四大名品之一，皇冠型或绣球型。花蕾圆形，顶端常开裂，花黄绿色。原为宋代宣和年间洛阳花工培育的新品种，当时每年都以此花向宫中进贡，现唯有我国独有，实为稀世珍宝。

赵粉，牡丹四大名品之一，皇冠型，有时呈荷花型、金环型或托桂型。花蕾大，圆尖形；花粉色，质地较薄；内瓣柔润细腻整齐，基部具粉红色晕，实在是牡丹中的精品。

烟绒紫，又名叶底紫，在唐代就是当时的名贵品种。"千叶紫花，其色如墨"，讲的就是这个品种，由于太紫了，所以就成墨色了。烟绒紫瓣质细腻，像金丝绒一样，故名。

醉杨妃，在太阳照射下，花呈醉态，故名。初开粉紫色略带红色，盛开时粉紫色略带蓝色，近谢时粉紫色略带白色。花梗柔软弯曲，花朵一般下垂，花瓣一般薄软。

当然，牡丹还有很多其他有名的品种，限于篇幅，仅领略到此。

五、龙门石窟　中华之宝

佛教很早就由印度传入我国，历代封建统治者中有很多都信仰佛教。统治者们为了表达自己虔诚的信仰，大规模修建了佛教建筑，龙门石窟就是其中杰出的代表。

（一）龙门石窟的历史

龙门石窟位于洛阳市东南，分布于伊水两岸的崖壁上，南北长达一公里。它是我国四大石窟之一（另外三大石窟为：云冈石窟、敦煌莫高窟和麦积山石窟），始建于北魏孝文帝迁都洛阳（493年）之后。北魏统一北方以后，魏孝文帝深感首都平城（今山西大同）偏北，不易于巩固其统治，便南下迁都洛阳。由于北魏统治者崇信佛教，随着都城的转移，兴建佛教建筑也就转移到了新都洛阳。

其实，从东汉到西晋末年，佛教虽然开始在中国传播，但洛阳仅有佛寺四十余所。北魏迁都洛阳后，统治者开始摒弃了鲜卑人的游牧习性，全盘接受汉族文化。信仰传入中原地区四百多年的佛教成了他们的首选。在这种情况下，许多外来僧人涌入洛阳传经讲道，洛阳僧人也多次远涉西方取经。很快，洛阳的佛教事业达到空前的繁盛。据记载，北魏时洛阳的佛寺达一千三百多所，可见佛教之繁盛。伴随着佛教的空前兴盛，兴建龙门石窟也成了自然而然的事。

北魏灭亡后，统治者们并未停止对龙门石窟的修建。后来经东魏、西魏、北齐、北周、隋、唐、五代、宋等朝代的相继开凿，龙门石窟逐渐形成了现在的规模。现存窟龛两千三百多个，题记和碑刻两千六百余品，佛塔七十余座，造像十万余尊。这些内容丰富、造型精美的佛教建筑和工艺，是研究我们古代历史、绘画雕刻、佛教艺术以及书法服饰等的珍贵材料。

（二）龙门石窟的著名景观

奉先寺是龙门石窟中规模最大、最具有代表性的唐代露天佛龛，奉先即供奉祖先之意。它南北宽约三十六米，东西深约四十余米，置于约九米宽的三道台阶之上，有龛雕一佛、二弟子、二胁侍菩萨、二天王及力士等十一尊大像。据碑文记载，此窟开凿于唐高宗李治和武则天在位时期，约用三年于 675 年建成。洞中雕像极具唐代色彩，大都体态圆满，大耳肥面，极其亲切动人。主佛

名为"卢舍那"，全像高约 17.14 米，其中头部高 4 米，耳朵长 1.9 米，是龙门石窟中最大的雕像。从整体上看，卢舍那姿态安详，仪表堂皇，的确是一件精美绝伦的艺术杰作。

潜溪寺，又名斋祓堂，是龙门西山北端第一个大窟，唐高宗年间建造，相传曾是宰相李藩的别墅，又有谷溪涌出而得名。洞高九米多，深约七米。主佛是阿弥陀佛，坦胸着博带式袈裟，整个姿态给人一种慈祥静穆之感。阿弥陀佛两侧为二菩萨、二弟子、二天王。阿弥陀佛与两侧的二菩萨合称"西方三圣"，即掌管西方极乐世界的三位圣人，是佛教净土宗信仰的对象。

宾阳三洞，开凿于北魏时期，是北魏的宣武帝为他父亲孝文帝和文昭皇太后做功德而建，后因种种原因，只建成了宾阳中洞，北洞和南洞到初唐才得以建成。其中宾阳中洞是龙门石窟群最为富丽堂皇的一窟，由十一尊佛像组成。主佛释迦牟尼面颊清瘦，高鼻大眼，脖颈细长，体态修长，左手屈三指，右手向前探伸，体态端详，这是北魏造型艺术的典型特征，明显具有西域艺术的痕迹。洞窟顶部雕有飞天，飘逸柔美，艺术价值极高。洞中原有两幅《太后礼佛图》和《皇帝礼佛图》，这是反映当时帝王生活的图画，可惜后来被盗运到美国。宾阳北洞正壁刻阿弥陀佛，左右侧为菩萨及弟子，洞内前壁还刻有二天王，手持宝剑，威武慑人。宾阳南洞是唐太宗李世民的第四子魏王李泰在北魏废弃的基础上又续凿而成，为其生母长孙皇后做功德而建。洞中主佛为阿弥陀佛，体态丰腴，嘴唇厚大，生动可爱。

万佛洞，因洞内南北两侧雕有一万五千尊小佛而得名。洞为方形，顶上雕

一大莲花，题记："大唐永隆元年十一月三十日成，大监姚神表，内道场运禅师，一万五千尊像龛。"正壁为阿弥陀佛，端坐在八角莲花上，底部有四个力士支撑。背后壁上雕有五十四枝莲花，每枝莲花上雕有菩萨或侍从。南北壁上刻的是各种伎乐人手持乐器、载歌载舞的场面，每个雕刻都各有不同姿态，真的让人叹为观止。

莲花洞，因洞口左上方有雄劲的"伊阙"二字，所以又叫伊阙洞。大约开凿于北魏年间。洞内主像为释迦牟尼立像，约六米高，其旁伴有菩萨，后侧伴有二弟子阿难浮雕和迦叶，迦叶手持锡杖，似一西域苦行僧，风尘仆仆，栩栩如生。另外，在南壁小龛中，还雕有"树下思维"和"树下授法"佛传故事。洞中还有龙门石窟中最小的佛像，仅有 2 厘米高，可谓罕有。

古阳洞，处于龙门山的南段，建于 493 年，是龙门石窟里开凿最早、佛教内容最丰富、书法艺术最高的一个洞窟。洞中北壁刻有楷体"古阳洞"三个字，古朴深奥，大气磅礴。洞内大小佛龛数百座，这些佛龛造像大都有题记，记录了当时造像者的姓名，造像年月及缘由。龛的外形、龛楣和龛额的设计上，也丰富多彩，变化多端，并且有的龛楣上还雕造有佛传故事，是珍贵的佛教资料。另外，古阳洞中珍藏了龙门二十品中的十九品，龙门二十品是珍贵的书法遗迹，是魏碑体书法艺术的精品，字体端正大方，气势刚健有力，既有隶书格调，又有楷书风范，是我国书法由隶变楷的重要过渡阶段，在我国书法艺术发展史上具有极其崇高的地位，是龙门石窟中碑刻书法艺术的精华，历来为世人所称道。

药方洞，因窟门刻有唐代一百四十多个药方而得名。这些药方涉及内科、外科、小儿科、五官科等，是我国目前发现的最早的石刻药方，并且雕刻的这些药方中的药材在民间都能找到，这些药方对研究我国医药学起到了重要的作用。

以上介绍的都是龙门西山石窟，西山的主要洞窟还有敬善寺、唐字洞、魏字洞、极南洞等，都各有风格，造型精美。

与西山相对应的就是东山，东山又叫香山，这里的佛教雕刻龛物虽不及西山历史悠久，但也别具特色。主要洞窟有看经寺、擂鼓台中洞、擂鼓台北洞、万佛沟等。

看经寺为东山最大的洞窟,是武则天为唐高宗开凿的。洞的正面有一座砖瓦结构的二层楼,门额上刻着"看经寺"三字。洞顶雕有莲花藻井,周围环绕着四个体态丰润、形象优美的飞天。寺内主要分为前后两室,前室崖壁有数十个小龛造像,后室刻有29尊传法罗汉像,为我国唐代最精美的罗汉群像,目前保存这么完好的罗汉群像在国内也是稀有。

擂鼓台中洞,又叫大万伍佛洞,是一座以禅宗为主的洞窟,相传建于武周年间。主佛为弥勒佛,他双膝下垂,神情有顿悟状。主佛的壁基由二十五尊高浮雕罗汉群像组成,每个罗汉身旁都刻有一段从《付法藏因缘传》里摘录的经文介绍该罗汉的身世及特点。该洞为研究唐代禅宗提供了巨大的参考价值。

擂鼓台北洞是龙门石窟中开凿较早、规模最大的一座以密宗造像石窟为内容的佛教窟。佛教的密宗是印度佛教中的最后一个派别,后来传入我国,在我国得到很大发展,后又经我国传入日本、朝鲜,产生了深远影响。擂鼓台北洞为穹隆顶,马蹄形平面,高4米,宽4.9米,但因年代久远,常年经风沙侵蚀,表面已斑驳不清,实为可惜。

万佛沟位于东山偏南边,是龙门山上最大的一条沟,因这里拥有万佛,故得名。万佛沟幽静险要,许多佛龛都掩映在古树之下,这里有罕见的雕刻珍品,比如武周时的高平郡王洞、西方净土变龛和千手观音像龛等。

中国古都

六、 洛阳民俗风情

前面主要讲述了洛阳的历史与风土，很少涉及洛阳的人情，下面就介绍一下洛阳人独特的生活方式。

（一）洛阳的婚嫁习俗

洛阳是十三朝古都，随着它在政治、经济、文化上的影响力增强，它的婚嫁习俗也随着社会的发展传到全国各地，产生了深刻影响。大体上说洛阳婚嫁习俗沿袭《礼记》所定的"六礼"程序，即问名、纳彩、纳吉、纳征、请期、迎亲。但随着时代的发展也产生了一些变化，但其基本程序仍为现代人所遵从。现将其婚嫁习俗程序列举如下：

1.议婚。

这个程序虽然简单，但却非常重要。通常是男方家人找到媒人，让媒人去女方家提亲，若女方家感到满意，女方家便派人去男方"相家"。婚事大致同意后，双方家人和媒人要在男家设宴，在宴席上，男女双方郑重交换生辰八字，然后举杯庆祝，永结姻亲，不可随便变异。

2.订婚。

这个环节即为古代的纳吉和纳征，俗称下聘礼。当然选择良辰吉日下聘礼是关键，等选好了日子，男方家就派媒人去女方家互换婚贴。当然，媒人要带上男方送给女方的聘礼，所赠聘礼洛阳俗称"四色礼"，多为女方所用衣物及点心食品等；女方则送笔墨文具之类给男方，意盼婿成才。

3.成婚。

这个过程是整个婚嫁过程的中心环节，主要包括下帖、过礼、备嫁妆、迎娶四个步骤。下帖，又叫"送好"，就是双方要结

十
三
朝
古
都
洛
阳

婚时，男方要请人选择个结婚吉日，然后再将选好的吉日写在"贴上"，把吉日告诉女方，若女方同意吉日结婚，便可接下这聘书；过礼是指在结婚前半月，男方须送给女方彩礼，彩礼主要由首饰、衣物、化妆品等组成；备嫁妆是女方在婚前的主要事项，历来受到人们重视。嫁妆即为陪嫁到夫家的财产，嫁妆以娘家的经济条件而定，当然也有男方出钱为女方购买嫁妆的情况存在；迎娶是成婚这个环节中最复杂的也是最热闹的一个部分，主要包括准备洞房、迎娶、进入洞房、闹房、听房等环节。

4. 回门。

这是婚嫁的最后一道程序。即婚后第三天新媳妇在新浪的陪伴下回娘家。完成了这个过程，二人才算正式结为夫妻。

（二）洛阳的丧葬习俗

洛阳的土葬习俗由来已久，据可靠史料记载，土葬在夏商时代已成习俗，后来的历朝历代都在此基础上继承发展，已经形成了一套完整的丧葬模式。

1. 选择风水宝地。

选择埋葬地点无疑是必须的，但埋葬地点的选择不是随意乱选的，这里面充满了规矩与学问。墓穴的择地、方向、位置被认为关系到后代子孙的兴旺发达。所以，在择地之前，都要请风水先生来看看这地到底好不好。洛阳民间讲究十不葬：一不葬粗玩石块，二不葬急水拦头，三不葬孤独山头，四不葬沟原绝境，五不葬寺庙前后，六不葬左右休囚，七不葬洞前山顶，八不葬风水不畅，九不葬坐下低凹，十不葬虎龙煞头。只有遵守了这些规则，洛阳人认为才能着手去选埋葬点，否则就是不吉利。

2. 制备棺椁。

上古时代，人们死后是直接入土的。后来，随着时代的进步，出现了各种材质的棺椁，如木棺、石棺、陶棺等，但最常见的一般是木棺。木棺以柏木最好，松木次之。另外，掌握一定厚度也非常重要，一般认为，越厚越好。棺椁制作过程中的禁忌有翻角、倒板、分脊、破脸等。

3. 陪葬物品。

放置什么样的陪葬物品以及如何放置陪葬物品都有一定的规矩，当然随着朝代的变化，规矩也发生了改变。比如魏晋南北朝时期政府提倡节俭，严禁厚葬，出现了专门为陪葬而制作的冥器；隋唐时期，洛阳墓葬中随葬品又变得多而珍贵，这些陪葬品大都是贵重之物；现代社会，政府抵制迷信，随葬品中一般只放死者生前喜爱之物，珍贵之物一般都用纸扎代替。另外，洛阳民间还沿袭旧制，多在墓地设置铭文，主要形式有铭旌、墓志、买地券等，内容多记述死者姓名、性别、生平主要事迹等。

4. 丧葬过程中的礼仪规范。洛阳历代的丧葬礼仪大致分为浴尸更衣、报丧奔丧、大殓入棺、成服备葬、出殡安葬、出丧守孝六部分。这六个部分只是大体上的总结，具体还有许多小细节需要注意。所以说，一个丧葬的过程并不是想象的那么简单，它毕竟是一种风俗习惯，我们应该尊重它，并在这种尊重中得到提升和理解。

（三）洛阳的美食小吃

洛阳有许许多多有名的小吃，现举几例，供大家分享

1. 浆面条。

关于浆面条还有一个故事，说是在清朝末年，洛阳有一户穷人家，将捡来的绿豆磨成了豆浆。过了几天，发现豆浆发馊了，但因为贫穷没舍得把它扔掉，于是就乱放了些菜叶，放在锅里用火熬成糊状。结果发现还很好吃，后来这个方法家喻户晓了，浆面条也随之成了洛阳的特产。

2. 胡辣汤。

在洛阳的大街小巷口，随处都能见到它的身影，可见它的普及程度和受人们喜爱的程度。它

制作简单，味道鲜美，价格便宜，真的是独一无二的物美价廉型小吃。

3. 驴肉汤。

汤中精品，有"天上龙肉地下驴肉"的美誉，近年来非常受大众喜爱。能去洛阳品尝一下天下一绝的驴肉汤，绝对能满足你的食欲。

4. 洛阳水席。

全席共二十四道菜，分为八个冷盘、四个大件、八个中件、四个压桌菜。水席中有名的"洛阳燕菜""假海参"等，就是民间普通的萝卜、粉条，但经厨师妙手烹制后，便脱胎换骨，味美异常，如奇花绽放，让人叫绝。洛阳水席有高、中、低档之分。如今高档水席有海参席、鱼翅席、广肚席；中档水席有鸡席、鱼席、肉席；低档水席为大众席，以肉、粉条、蔬菜为主。由于洛阳水席风味独特，味道鲜美，咸甜酸辣，一菜一味；上至山珍海味，下至粉条、萝卜，都能做出一席菜，可适合不同层次消费者的需要，因此洛阳水席历经千年，经久不衰。

5. 洛阳牡丹燕菜。

武则天称帝时，一封"中岳"，二封"燕菜"，燕菜当属水席之王。"牡丹燕菜"不仅口感独特，而且营养丰富，内含多种维生素、蛋白质、钙、铁及烟酸、抗坏血酸等成分。食用后不仅能促进新陈代谢，增加食欲，帮助消化，抵抗鱼肉等食物中亚硝胺的致癌作用，而且具有顺气、解毒、散淤、醒酒等功效。

6. 新安烫面角。

传统风味小吃新安烫面角，创制于 1914 年，已经有八十多年的历史了。由于配方科学，制作讲究，所制烫面角内软皮紧，晶莹欲滴，状如新月，色如琼玉，鲜香不腻，味美可口，时有"名扬陇海三千里，味压河洛第一家"的美誉。